中国近代新闻学名著系列丛书

芮必峰◎主编

中国的新闻纸

—— 张静庐◎著 ——

中国传媒大学出版社
·北京·

编 委 会

主　编 芮必峰

副主编 姜　红　刘　勇

编　委 贾　南　周　彤　张冰清　侯普曼

出版说明

本丛书整理再版了近代在中国用中文出版的经典新闻学著作，所涉及的图书既有专著、教材，也有译著，全面涵盖了新闻学理论、新闻业务、新闻史等领域，成书年份前后跨越40年。在这40年间，中国的新闻学科从无到有、从借鉴到创新，成就巨大。对这些著作的再次出版，为研究中国近代新闻学提供了珍贵的史料，绘制了中国近代新闻学的全景，度量了中国近代新闻学的厚度，填补了该领域空白，也为纪念中国新闻学诞生100周年献上了一份厚礼。

我们请中国人民大学新闻学院教授、博士生导师，广西大学新闻传播学院院长，教育部社会科学委员会委员兼新闻传播学科召集人郑保卫，及中国传媒大学传播研究院院长、教授、博士生导师，中央实施马克思主义理论研究和建设工程新闻学首席专家雷跃捷对本丛书的内容进行了审定，并根据专家的意见进行了修改。在此对两位专家所付出的辛勤劳动表示衷心感谢。

由于历史原因，本丛书中的个别图书存在一些问题，为保存历史原貌，为研究者提供一手的参考资料，影印时均基本保持其原貌，未作大的删改，希望读者结合当时的历史条件和历史环境，对其中的观点进行批判性借鉴。原书中存在一些错别字、漏字和排版错误，我们在影印时均未做改动，敬请读者注意。

由于原书出版年代久远，本丛书中的许多书籍难觅其踪，存世数量稀少，版权状况极其复杂。为了保证本丛书的学术性和完整性，我们将具有价值的图书先行选入其中，进行了抢救性发掘，力图保存中国新闻史珍贵的历史资料。版权所有人若有异议，请及时与我们联系。

为更好地体现中国近代新闻学的发展脉络，本丛书特别收录了欧美学者休曼的《实用新闻学》、斯蒂德的《新闻学的理论与实际》；日本学者松本君平的《新闻学》、后藤武男的《新闻纸研究》、杉村广太郎的《新闻概论》。当年这些书的出版对中国近代新闻学具有一定的借鉴意义。

本丛书为影印制作，成书清晰度由原书决定，由于出版年代久远，受当时生产力水平及制作方法限制，难免会存在一些缺陷，敬请读者谅解。

中国传媒大学出版社

总　序

如果从1903年商务印书馆编译出版日本人松本君平的《新闻学》算起，中国的新闻学已有115年历史①。如果从1918年北大新闻研究会建立，徐宝璜开办新闻学讲座算起，中国新闻学教育和研究迄今正好100年历史。我们搜集整理了清末至民国期间一些有代表性的新闻学书籍，希望借此重现早期中国近代新闻学的本来面貌，反映我国新闻学发展的历史脉络，我们认为，这对中国新闻学术、教育史研究以及中国近现代思想史研究都是很有意义的。

从1903年到1949年9月的40多年间，我国公开出版和内部印行的新闻学书籍，包括专著、教材、论文集、资料汇编、参考工具书等，约468种之多。②它们集中反映了我国新闻学的历史发展轨迹。然而，由于多种原因，这些书籍除了几本曾被重印出版外，大多已经是“只闻其名、难觅其踪”，这对我国新闻学研究不能不说是一个遗憾。

本丛书在梳理1903—1949年间出版的有代表性的新闻学书籍的基础上，精选了50部著作，校订注释，编纂再版，也算对这一遗憾的弥补。

从我们挑选的这50部新闻学书籍来看，中国早期新闻学的发展有三个鲜明的特点：

一、中国早期新闻学的发展与中国社会发展，尤其与国家民族利益息息相关

40多年间，中国新闻学从近乎空白到勃然而兴，这与中国社会的动荡、变

---

① 黄天鹏回顾新闻运动时说：“有清光绪二十八年，商务印书馆刊行《新闻学》一书，为我国人知有新闻学之始，原书为日人松本君平所著……”资料来源：黄天鹏. 新闻运动之回顾［A］. 黄天鹏. 新闻学名论集［C］. 上海：上海联合书店，1929.

② 林德海，等. 中国新闻学书目大全1903—1987［M］. 北京：新华出版社，1989.

革休戚相关。西方新闻学是现代化的产物，最早形成于19世纪末20世纪初。1901年，“新闻学”一词首见于中文报章[①]，但直到民国前夕，国人对于“新闻有学乎”尚存疑，认为报社就是新闻人才的“养成所”。至1912年上海报业俱进会以“吾国报业之不发达……其最大原因，则为无专门之人才”[②]为由，号召组织报业学堂，培养报业专门人才。不难看出，此时新闻界亦将新闻学视为办报之“技”。至1918年邵飘萍为徐宝璜《新闻学》作序仍“窃叹我国新闻界人才之寥落，良由无人以新闻为一学科而研究之者”[③]。黄天鹏把1903年至1918年新闻学研究会建立之前的十余年视为中国新闻学的启蒙期。[④]

1918年，随着以启蒙为目标的新文化运动愈演愈烈，新思潮涌入国门，“新学”“西学”站在旧传统的对立面被学界关注，新闻学思想也不例外。作为公学之首和新文化运动中心的北京大学率先开办新闻学研究会，力证了“新闻学”存在的正当性；徐宝璜《新闻学》一书问世，成为中国新闻学理论的奠基之作。新闻学教育兴起，新闻学研究著作渐盛，待到北伐前夕，中国新闻学从学理上和实践上俱已建立起来。

新文化运动后期，马克思主义传入中国，资本主义文明逐渐“祛魅”。之后的大萧条使得西方国家的痼疾暴露无遗，曾经“理想之彼方”的西方报业也难以幸免。在这一时代背景下，如何建立“吾国之报业”成为新闻学研究的热点，围绕这一热点，一方面，关于中外新闻理论、新闻事业、新闻业务的著作日益涌现；另一方面，军阀对于激进言论的暴力摧残，又引发了新闻人对于言论自由的论争。20世纪20年代的中国新闻学呈现百家争鸣之势。

“在这言论自由纷争之际，也有若干论调，认为新闻纸不过是一种政治宣传的工具，在新闻学方面也唱过所谓社会主义的新闻理论，不过这种论调没有完成，当头的国难已把这种理论粉碎。”[⑤]“九一八”事变后，面对空前的民族危机，“国家至上、民族至上”成为国论，报业成为勾连与动员社会的渠道和网络，

---

① 梁启超. 本馆第一百册祝辞并论报馆之责任及本馆之经历［J］. 清议报，1901（100）：1–8.

② 戈公振. 中国报学史［M］. 上海：上海书店，1989：278.

③ 徐宝璜. 新闻学［M］. 长春：时代文艺出版社，2009：7.

④ 黄天鹏. 四十年来中国新闻学之演进［M］//龙伟，任羽中，王晓安，何林，吴浩. 民国新闻教育史料选辑. 北京：北京大学出版社，2010：149.（以下征引本书时，一律简注为《民国新闻教育史料选辑》。）黄天鹏在此文中提出他对于1903年到战事结束的40余年间中国新闻学发展阶段的划分，原载《中国新闻学会年刊》第1期，1942年9月。

⑤ 黄天鹏. 四十年来中国新闻学之演进［M］//民国新闻教育史料选辑. 北京：北京大学出版社，2010：161.

致力于推动“舆论统一”。直到全面抗战中期之前，以战争宣传动员为主要研究目标的“战时新闻学”都是新闻学研究的热点。

1943—1949年中华人民共和国成立前夕，随着战争形势的转变，抗日战争已现胜利的曙光，中国新闻学人开始构想新闻业的未来。萨空了[①]于1943年开始着手书写《科学的新闻学概论》，旨在提醒新闻人应“鉴于美英的前车”[②]，避免报纸“为大财阀资本家所独占”[③]，“积极地设法使报纸成为大多数民众自己的相互报道消息、提供意见的工具”[④]。

二、中国新闻学是“西学东渐”的产物，中国早期新闻学人大多具备西学背景

“西学东渐”的内在精神是中体西用。在“用”的招牌下，西学大量涌入。中国新闻学直接引自日本和美国。首先，中国最早的新闻学译著分别为1903年商务印书馆编辑出版的松本君平的《新闻学》和1913年美国记者休曼著、史青编译的《实用新闻学》。前者成为中国新闻学的开端，而后者作为美国第一本新闻教育著作，“提供采访编辑各种实际问题的解决方案”[⑤]，也奠定了中国新闻人对于新闻教育之作用的基本构想。

早期中国新闻学人大多具备留美留日的求学背景。徐宝璜曾于美国密歇根大学修习经济学与新闻学，其《新闻学》（1919）的参考文献包括在美国出版的图书23种、在英国出版的图书7种，印证了时任北大校长蔡元培所言，“新闻学之取资，以美为最便矣”[⑥]。任白涛求学日本早稻田大学政治经济学系时，加入了《朝日新闻》名记者杉村楚人冠等筹建的“大日本新闻学会”[⑦]，《应用新闻学》

① 萨空了（1907—1988）四川成都人，蒙古族，笔名了了、艾秋飚，记者、主编、新闻学家。1927年任《北京晚报》《世界日报》编辑记者、《世界画报》总编辑。曾任教民国学院新闻系、北京新闻专科学校。1935年任上海《立报》副刊主编、总编辑兼经理。中华人民共和国成立后任中央人民政府新闻总署副署长兼新闻摄影局局长、出版总署副署长、全国政协副秘书长兼《人民政协报》总编辑等职。负责主编《中国大百科全书·新闻出版》卷，著有《科学的新闻学概论》《科学的艺术概论》《宣传心理研究》等。

② 萨空了．科学的新闻学概论［M］．香港：文化供应社，1946：36.

③ 萨空了．科学的新闻学概论［M］．香港：文化供应社，1946：36.

④ 萨空了．科学的新闻学概论［M］．香港：文化供应社，1946：36.

⑤ 黄天鹏．四十年来中国新闻学之演进［M］//龙伟，任羽中，王晓安，何林，吴浩．民国新闻教育史料选辑，北京：北京大学出版社，2010：157.

⑥ 邓绍根．中国新闻学的筚路蓝缕：北京大学新闻学研究会［M］．北京：清华大学出版社，2015：228.

⑦ 1915年《朝日新闻》的杉村楚人冠等在庆应义塾大学创办“新闻研究会”并讲授课程，后根据该讲义出版了《最近新闻纸学》（1918）。其时，杉村楚人冠还兼任“大日本新闻学会”的筹建者与学会新闻讲座讲师。

（1922）正是仿照杉村楚人冠《最近新闻纸学》一书体例所做。[①]邵飘萍的《实际应用新闻学》（1923）亦参考了《最近新闻纸学》。[②]杉村楚人冠深受美、德新闻思想熏陶，美、日、德的新闻思想因故才传到中国。

事实上，正是留美、留日学生群体的新闻学著述构建起了中国早期新闻学的基本框架。仅本丛书所涉国内著（编）者30人中，剔除资料不详者3人，有留学经历者共计15人。其中留美5人：徐宝璜、伍超、赵敏恒[③]、戈公振[④]、曹用先[⑤]；留日8人：吴定九[⑥]、邵飘萍、黄天鹏、任白涛、张友渔[⑦]、谢六逸、袁殊[⑧]、王文萱[⑨]；

---

① 周光明．近代新闻史论稿［M］．北京：社会科学文献出版社，2014：276.

② 方晓红．中国新闻简史［M］．南京：南京师范大学出版社，1996：122.

③ 赵敏恒（1904—1961），记者、新闻学教授。早年就读于清华大学，1923年起先后于美国科罗拉多大学文学院、密苏里大学新闻学院、哥伦比亚大学新闻学院攻读英国文学和新闻学，并获新闻学硕士学位。1925年起在纽约环球通讯社当编辑。1927年回国，在国民政府外交部情报处短暂工作后加入路透社。1945年10月任《新闻报》总编，兼任复旦大学新闻学教授。

④ 留学两个及两个以上国家的，按其留学的第一个国家计。

⑤ 曹用先，女，宁波人，天津南开大学社会科毕业。1926年与未婚夫查良鉴自南开大学毕业后，同赴密歇根大学留学，1930年在该校安娜堡完婚。硕士毕业后回国，曾就职于上海商务印书馆编辑所并任教于大夏大学，1949年与查赴台，1951年4月病逝于台湾。

⑥ 吴定九（1890—1930），名鼎，字定九，嘉定人。著名报人，《京报》元勋之一，著有《新闻事业经营法》。公派赴日本名古屋学习土木工程时，与在东京政法学校读书的邵飘萍成为密友。1923年9月，私立北京平民大学设立报学系，时任京报社经理的吴定九担任教授并讲授专业课程“新闻经营法”。

⑦ 张友渔（1898—1992），原名张象鼎，字友彝，又名张忧虞，山西灵石人。法学家、政治学家、新闻学家。先后求学于山西第一师范学校，国立北平法政大学法律系。1927年任《国民晚报》社长兼总编辑。同年加入中国共产党，任中共北平市委委员兼秘书长。1930年赴日留学。“九一八”事变后回国任《世界日报》主笔及燕京大学、中国大学、民国大学、中法大学、北平大学法商学院教授，讲授宪法学、劳动法学、新闻学和日本问题。1943年起在重庆任中共南方局文委秘书长、《新华日报》社论委员会委员、中共重庆工作委员会候补委员兼政策研究室副主任、《新华日报》代总编辑等职。

⑧ 袁殊（1911—1987），中共谍报人员、记者、新闻学者。早年赴日攻读新闻学、东洋史。曾创办上海自修大学并设新闻专科。1931年3月创办的《文艺新闻》，最早揭露了左联五烈士被害的消息。1932年任新声通讯社记者，经潘汉年引介加入共产党。1942年卧底敌伪报纸《新中国报》，1945年10月转移到苏北解放区；1949年调入中央情报部门。著《记者道》《学校新闻讲话》《新闻大王赫斯特》等书；译《新闻法制论》等。

⑨ 王文萱，曾留学日本，1930年5月翻译杉村广太郎的《新闻概论》。1942年国立社会教育学院新闻系成立，王文萱在该系教授新闻业务课程。1947年年初，李宗仁授意萧一山在北平创办《经世日报》作为喉舌，任命王文萱、蓝文澄两位教授为主笔。

旅欧2人为胡愈之和储玉坤①（详情见表）。这些涉足新闻学研究的归国留学生兼容并蓄，汲取美、日、德等国新闻理论和马克思主义新闻思想的精华，进行本土化改良，亦从侧面反映出中国新闻学的理论来源。

三、中国早期新闻学人往往兼新闻实践、新闻教育、新闻研究于一身

1918年，北京大学新闻学研究会成立，徐宝璜负责讲授新闻学知识。他结合自身从业经验，参考欧美新闻学书目，形成课程讲义；再结合讲课心得，不断完善新闻学理论。1919年，国人自撰的第一本新闻学专著《新闻学》最终成书。徐在自序中细陈写书修书之过程："新闻学乃近世青年学问之一种，尚在发育时期。余对于斯学，虽曾稍事涉猎，然并无系统之研究。客岁蔡校长设立新闻学研究会，命余主任其事，并兼任导师。余乃于暑假中，正式加以研究，就所得著《新闻学大意》一篇，以为开会后讲演之用。……开会后，余继续研究，加以会员之质疑问难，时有心得，遂将原稿加以修改，成第二次之稿……"②显然，"曾稍事涉猎"指其曾经担任《晨报》主笔的工作经历。早期中国新闻学人兼具从业经验和新闻学教学经验者多会总结实践经验、丰富新闻理论、著书立说、传道授业，这种情况并不鲜见。

从早期新闻学著作的作者（编者）身份来看：本丛书涉及国内著（编）者30人，除李公凡、刘元钊和鲁风三人身份不详，仅蒋国珍③、项士元④二人没有明确的新闻从业经验。而在这25人中，更有20人兼具从业经历与从教经历。新闻学人大多具有新闻从业经历，学术研究、传承活动与新闻实践密不可分（详

① 储玉坤，1912年生，江苏宜兴人，笔名雨君、储华。1937年中央政治学校大学部新闻学及国际政治专业毕业。1938年1月任《文汇报》编辑兼社论撰述者；1938年5月担任《文汇报》法国哈瓦斯分社编辑；抗战胜利后，任《文汇报》总主笔。1946年5月转任《申报》主笔和法国新闻社远东分社中文部主任，兼任中国新闻专科学校教务长和沪江大学新闻系教授。著有《现代新闻学概论》《第二次世界大战史》《美国经济》。

② 邓绍根，中国新闻学的筚路蓝缕［M］. 北京：清华大学出版社，2015：244.

③ 蒋国珍出生于1896年，江苏溧阳人，做过学生运动领袖、国民党党员、教育工作者、政府职员、银行经理。曾加入上海学生运动，代表上海全国各界联合会、全国学生联合会、上海各界联合会、学生联合会四团体发声。虞文俊认为其传世的《中国新闻发达史》翻译自日本人伊藤武雄的《中国新闻发达史》，即蒋国珍应为此书的译者而非著者。

④ 项士元（1887—1959），佛教居士、学者。原名元勋，号慈圆，又号石槎。浙江临海人，通日、英、德、梵、俄文，一生佛学著作等身。25岁毕业于杭州府中学堂，后办私立小学和赤城初级师范，兼任各校教师；捐资并赠书创办了临海图书馆。项士元长期辗转江浙等地从事教育、新闻和史志方面的研究工作。中华人民共和国成立后主持台州文管会，任浙江省文史馆馆员。所著《浙江新闻史》是中国最早的新闻史之一。

见表1[①]）。

从新闻学著作本身来看，许多民国新闻学书籍正是新闻实践和新闻教育的直接产物：国人自撰的第一部新闻采访学专著——《实际应用新闻学》根据邵飘萍在北京大学新闻学研究会和平民大学新闻系的讲稿所著，《新闻学总论》一书则根据邵氏国立政法大学的新闻学讲义整理而成；周孝庵[②]根据自己在复旦大学的新闻学讲义编著了《最新实验新闻学》；郭步陶[③]的《本国新闻事业》是上海市私立申报新闻函授学校讲义之十一；而《新闻学的基础知识》本就是中美日报读讯会[④]为新闻学自修者所出版的教材《实用新闻学讲义》之一；储玉坤的《现代新闻学概论》则是专门为大学新闻理论教科书而编写的（详见表2）。

正是由于早期新闻学人兼新闻实践、新闻教育、新闻研究于一身，才能为理论教学与著述提供最鲜活的案例，促使新闻实践经验迅速融入新闻学理论研究。这是近代中国新闻学迅速发展的重要因素，对于当今的新闻学研究、新闻学教育工作也有重要启示。

本丛书编委会邀请相关领域资深专家进行研讨，认真甄选了书目，仔细进行了版本比较和甄别，从而保证了本丛书较高的学术权威性。

由于历史的局限，民国新闻学书籍的不足是明显的，如学术理论不成熟、部分话语和话题打上了深深的时代烙印等；又因书中涉及的新闻稿件写作于特定历史环境和历史年代，其表达方式不严谨亦不可避免。盖所选书目皆是历史文献，我们在审校中尽量保持其历史原貌，不做大的删改；对极个别对马克思

---

① 李秀云．留学生与中国新闻学［M］．天津：南开大学出版社，2009：239-251．本书中李秀云整理了民国期间从事新闻学研究的留学生44人，并分析其留学国别构成、专业构成、新闻实践经历、从教经历等。

② 周孝庵（1900—1973），佛教学者、律师、报人。松江府人。毕业于江苏省立第一商业学校。历任上海时事新报馆记者、编辑、主编，著《最新实验新闻学》。1928年秋被复旦大学聘为新闻学教授。曾于上海法政大学获法学学士学位，1930年兼律师。1932年主编上海《新闻报》“法律质疑”栏目、编著了《法律质疑汇编》。上海沦陷后，曾氏关闭了律师事务所，潜心佛学研究。

③ 郭步陶（1879—1962），原名成爽，后改名惜，字步陶。四川隆昌人。名记者、新闻研究者。1911—1917年任《申报》编辑，1917年任《新闻报》编辑主任、主笔。1930年任教于复旦大学新闻系。上海沦陷后赴香港，任职于《申报》（香港）、《星岛日报》；1939年创建中国新闻学院（香港）并任院长。抗战胜利后回沪任教于复旦大学、新中国学院。

④《中美日报》是“孤岛”时期的国民党报纸，为躲避日伪新闻检查，在美商罗斯福出版公司招牌下运作，副刊有《集纳》《堡垒》等。1938年11月创刊，1941年12月停刊，1945年8月复刊，次年4月终刊。总编先后为杨勋民、查修、詹文浒，总主笔周宪文，执笔者有储玉坤、章丹枫等。胡道静曾任英文编辑。报社读讯会为自修新闻学的读者出版了《实用新闻学讲义》，共计10种，对编辑术、采访术、评论作法、新闻写作、新闻学史、剪报工作等都有专篇论述。

主义、共产党等的不适当叙述已进行了删除处理。

本丛书规模较大，从策划项目、搜集资料、校订编纂到审稿成书，历时两年有余。这50本书可能并非本本经典，其中有些内容亦有重复、雷同之处，但瑕不掩瑜，它们对于研究中国新闻学功不可没，作为新闻史资料极具研究价值。感谢中国传媒大学出版社和安徽大学新闻传播学院诸位老师的辛勤付出，也希望读者在本丛书中能读出更丰富的内容，获得启发并更深入地思考。

丛书主编　芮必峰

2018年5月7日

附表：

表1　著者受教育、从业、从教及著述情况列表

序号	姓名	是否留学及留学国家	从业经历	从教经历	著作
1	徐宝璜	美国密歇根大学，经济学、新闻学	北京《晨报》主笔	北京大学新闻学研究会、北京平民大学新闻系	《新闻学》《新闻事业》
2	戈公振	1927年赴美国、日本考察新闻事业	首创《图画时报》、"上海新闻记者联合会"会长、《申报》总管理处设计处主任兼《申报星期画刊》主编	上海南方大学新闻系、上海国民大学新闻系、复旦大学新闻系、上海沪江大学商学院、上海民治新闻学院	《新闻学撮要》《中国报学史》《新闻学》
3	邵飘萍	东京政法学校	《汉民日报》主编、《时事新报》《申报》《时报》主笔、创办"北京新闻编译社"、《京报》社长	北京大学新闻学研究会、北京平民大学新闻系、国立法政大学	《实际应用新闻学》《新闻学总论》
4	吴定九	日本名古屋工业专门学校土木工程	主持《京报》	北京平民大学新闻系、国立法政大学	《新闻事业经营法》
5	谢六逸	日本早稻田大学东洋文学史	《立报》文艺副刊《言林》主编、《国民周刊》《趣味》周刊主编	复旦大学新闻系、申报新闻函授学校、国立社会教育学院新闻系、暨南大学新闻系、大夏大学新闻系	《实用新闻学》《国外新闻事业》《新闻储藏研究》
6	黄天鹏	日本早稻田大学新闻系硕士	在北平创刊《新闻学刊》并担任主编	复旦大学新闻系、上海沪江大学商学院新闻学科	《新闻文学概论》《中国新闻事业》《新闻学入门》《新闻学概要》
7	赵敏恒	美国科罗拉多大学文学院、密苏里大学新闻学院、哥伦比亚大学新闻学院攻读英国文学和新闻学，并获新闻学硕士学位	纽约环球通讯社编辑，后加入路透社。"九一八"事变后为美国国际新闻社、伦敦《每日电讯报》《朝日新闻》等供稿。1945年10月任《新闻报》总编辑	复旦大学新闻系、中央政治学校新闻系、暨南大学新闻系	《外人在华的新闻事业》

续表

序号	姓名	是否留学及留学国家	从业经历	从教经历	著作
8	周孝庵	无	历任上海时事新报馆记者、编辑、主编；主编《上海新闻报》“法律质疑”栏目	复旦大学新闻系、新闻大学函授科	《最新实验新闻学》
9	张友渔	1930年、1932年、1935年多次赴日学习新闻学、考察日本新闻事业	《世界日报》编辑、《大同晚报》总编辑、《国民晚报》社长、《泰晤士报》总编辑、《新华日报》社论委员	燕京大学新闻系、北平民国学院新闻系	《新闻之理论与现象》《日本新闻发达史》
10	袁殊	日本新闻专科学校、早稻田大学历史系	创办《文艺新闻》《译报》、新声通讯社记者	上海自修大学新闻专科	《记者道》《学校新闻讲话》《新闻大王赫斯特》《新闻法制论》(译)
11	胡愈之	1928年法国巴黎大学攻读国际法	《东方杂志》编辑、创办《公理日报》、哈瓦斯通讯社远东分社中文部编辑主任、主编新加坡《南洋商报》		《胡愈之出版文集》
12	储玉坤	留法	《新闻报》编辑、《文汇报》编辑、法国哈瓦斯通讯社中国分社编辑、《文汇报》总主笔、《申报》主笔、法国新闻社远东分社中文部主任	中国新闻专科学校、沪江大学新闻系、之江大学新闻系、致用大学新闻学系	《现代新闻学概论》
13	任白涛	日本早稻田大学政治经济学	创办中国新闻学社、《新湖北日报》总编辑		《应用新闻学》《综合新闻学》
14	曹用先	美国密歇根大学①	上海商务印书馆编辑所②	大夏大学③	《新闻学》

① 毛彦文. 往事［M］. 北京：商务印书馆，2012：28.
② 雪林. 一段值得介绍的婚姻（红藏·生活·第四卷第三十八期）［M］. 湘潭：湘潭大学出版社，2014：435-437.
③ 毛彦文. 往事［M］. 北京：商务印书馆，2012：28.

续表

序号	姓名	是否留学及留学国家	从业经历	从教经历	著作
15	王文萱	留日①	《经世日报》②	国立社会教育学院新闻系③	《新闻概论》（译）
16	伍超	留美“攻读新闻科”④			《新闻学大纲》
17	郭步陶	无	《申报》编辑、《新闻报》编辑主任兼主笔、《申报》（香港）、《星岛日报》编辑	复旦大学新闻系、《申报》新闻函授学校、中国新闻学院（香港）、新中国学院	《本国新闻事业》
18	任毕明⑤	无	《民国日报》《时报》《快报》主笔、《大众日报》总编辑	香港中华新闻学院	《战时新闻学》《评论学十讲》
19	赵君豪⑥	无	《申报》副总编辑	上海商学院新闻专修科、复旦大学新闻系、上海法政学院新闻专修科	《中国近代之报业》《上海报人的奋斗》

① 杉村广太郎. 新闻概论·黄序［M］. 王文萱，译. 上海：联合书店，1930.

② 冯国定. 忆萧一山先生［M］//中国人民政治协商会议北京市委员会文史资料研究委员会文史资料选编（第43辑），北京：北京出版社，1992：104.

③ 苏州大学社会教育学院. 峥嵘岁月（第三集）［M］. 北京、上海、南京、苏州校会. 1991：229.

④ 伍超. 新闻学大纲·自序［M］. 上海：商务印书馆，1925.

⑤ 任毕明，原名任大任，生于1904年，广东鹤山人。1925年在广西梧州创办《民国日报》，曾任《时报》《快报》主笔，主持过香港的《大众日报》。参与创办香港中华新闻学院，并任教。著作有《龙虎集》《风云集》《社会大学》《新社会大学》《战时新闻学》和《评论学十讲》等。

⑥ 赵君豪（1900—？）江苏兴化人。报人。“五四时期”求学于上海交通大学，经常给著名的《民国日报》副刊《觉悟》投稿，并与时任《觉悟》编辑的邵力子讨论种种社会改造问题。毕业后进入《申报》馆工作，抗战后任《申报》副总编辑。1929、1942年两度兼任复旦大学新闻系编辑教授；1930年兼任上海法政学院新闻专修科教授，讲授采访学；曾任《申报》新闻函授学校教授。1944年10月在重庆出版《上海报人的奋斗》。

续表

序号	姓名	是否留学及留学国家	从业经历	从教经历	著作
20	杜绍文①	无	杭州《民国日报》国际版编辑、《东南日报》《前线日报》主笔兼《新闻战线》周刊主编、《东南日报》总编辑、《文汇报》办公室主任	复旦大学新闻系	《新闻政策》《中国报人之路》《战时报学讲话》《国际新闻纵横谈》
21	胡道静②	无	《万有文库》编辑、上海通志馆编修、《通报》《中美日报》《大晚报》等报记者、编辑、撰稿人	上海法政学院新闻专修科	《上海新闻事业之史的发展》
22	张静庐	无	创办上海杂志公司并出任总经理		《中国的新闻记者与新闻纸》《中国近代出版史料》《中国现代出版史料》《中国出版史料》《在出版界二十年》
23	萨空了	无	《北京晚报》编辑记者、《世界日报》画刊编辑、《世界画报》总编辑、天津《大公报》艺术半月刊主编	民国学院新闻系、北京新闻专科学校	《科学的新闻学概论》

① 杜绍文（1909—？），又名杜超彬，广东澄海人。1927年入复旦大学中文学新闻组学习，1931年留校助教。后任杭州《民国日报》国际版编辑、资料室主任、浙江《东南日报》主笔。抗战期间主编浙江战时新闻学会会刊《战时记者》月刊，《国民日报》总编辑、社长；抗战胜利后任上海《前线日报》主笔兼《新闻战线》周刊主编。1946年至1951年间任复旦大学新闻系教授，1952年任上海《文汇报》记者、编委办公室主任。著有《新闻政策》《中国报人之路》《战时报学讲话》《国际新闻纵横谈》。

② 胡道静（1913—2003），安徽泾县人。1931年毕业于上海持志大学国语系。曾参加《万有文库》编辑和上海通志馆编修工作。“孤岛”时期坚守上海新闻界抗日宣传工作，任《通报》《中美日报》《大晚报》《密勒氏评论报》记者、编辑、撰稿人，同时在上海法政学院新闻专修科讲授新闻史课程，为共产党的抗日宣传培养新闻干部。1949年后历任中华书局上海编辑所编辑、上海人民出版社编审等。

续表

序号	姓名	是否留学及留学国家	从业经历	从教经历	著作
24	管照微①		复旦大学校刊编辑、1931年兼任上海新闻社记者	兰州大学经济系	编《新闻学论集》
25	项士元				
26	蒋国珍	疑为《中国新闻发达史》的译者而非著者②			
28	李公凡	不详			
27	鲁风	不详			
28	刘元钊	不详			

① 管照微，高中就读于上海立达学园，曾与王济深、刘仲达、唐旭之等先后组织了“时潮社”和“立达剧团”。后进入复旦大学新闻系学习，与伍梦窗、林楚君、向浦、徐之津等加入了复旦大学“左联”，并负责复旦大学的校刊编辑工作。1933年12月21日因宣传左翼思想被捕，后任教于兰州大学经济系。

② 虞文俊是东亚中国新闻史研究第一人。《中国新闻发达史》译者蒋国珍初考［J］. 新闻界，2015（15）.

表2 书目

序号	年份	书名	作者	备注
1	1903	新闻学	〔日〕松本君平 著	
2	1913	实用新闻学	〔美〕休曼著 史青译	
3	1919.12	新闻学	徐宝璜① 著	北京大学 新闻研究会讲稿
4	1922.11	应用新闻学	任白涛② 著	
5	1923.8	实际应用新闻学	邵振青 著	北京平民大学、 国立法政大学讲义
6	1924.4	新闻事业	徐宝璜 胡愈之 著	
7	1924.6	新闻学总论	邵飘萍 著	
8	1925.1	新闻学大纲	伍超 著	
9	1925.2	新闻学撮要	戈公振③ 编	
10	1927.9	中国新闻发达史	蒋国珍 著	
11	1927.11	中国报学史	戈公振 著	
12	1928.9	中国的新闻纸	张静庐 著	
13	1928.11	最新实验新闻学（上）	周孝庵 著	复旦大学新闻系
14	1928.11	最新实验新闻学（下）	周孝庵 著	复旦大学新闻系
15	1930.4	新闻事业经营法	吴定九 著	
16	1930.5	新闻概论	〔日〕杉村广太郎 著 王文萱 译	

① 徐宝璜，中国新闻学者、新闻教育家。1912年毕业于北京大学，后公费留美，于密歇根大学攻读经济学、新闻学。徐宝璜在美国密苏里大学受过系统的新闻学教育。

② 任白涛，笔名冷公、一碧，河南南阳人。1911年辛亥革命后，先后担任上海《民立报》《神州日报》《新闻报》驻河南特约通讯员，参加当地反袁活动。1916年留学日本，在早稻田大学攻读政治经济学，并加入了大日本新闻学会。

③ 戈公振所著的《中国报学史》最早由上海商务印书馆出版，是研究新闻学和我国新闻事业发展史的开山之作，国内外新闻界将之誉为中国首部新闻史学权威著作。任教上海国民大学期间，戈公振开始着手《中国报学史》一书的写作。在从事新闻工作之余，戈公振致力于新闻教育事业和新闻学研究工作，曾在上海国民大学、南方大学、大夏大学、复旦大学等校新闻系和杭州暑假报学讲习所讲授新闻学方面的课程，在新闻学研究上留下了许多著述。

续表

序号	年份	书名	作者	备注
17	1930.8	中国新闻事业（上）	黄天鹏①著	
18	1930.8	中国新闻事业（下）	黄天鹏 著	
19	1930.8	新闻纸研究	〔日〕后藤武男 著 俞康德 译述	
20	1930.9	浙江新闻史（上）	项士元 编	
21	1930.9	浙江新闻史（下）	项士元 编	
22	1932.7	学校新闻讲话	袁殊 著	
23	1932.8	外人在华的新闻事业	赵敏恒 著	
24	1933.4	新闻学入门	黄天鹏 著	
25	1933.10	新闻学论集	管照微 编	复旦新闻学会丛书
26	1935	实用新闻学（上）	谢六逸②编	申报新闻函授学校讲义之三
27	1935	实用新闻学（下）	谢六逸 编	申报新闻函授学校讲义之三
28	1934.1	新闻学	曹用先	
29	1934.2	新闻学概要	黄天鹏 编	复旦大学讲义、上海沪江大学新闻学专修科
30	1935	上海新闻事业之史的发展	胡道静 著	
31	1936.5	新闻学讲话	刘元钊 编著	

① 黄天鹏，字天鹏，别号天庐。1927年1月，他创办了我国首个新闻学刊（1929年扩改为《报学月刊》）并任主编；他是我国新闻学术史上最早研究新闻学之产生及发展史的学者，是我国具有新闻学术史观的第一人。他于1923年就读于北京平民大学报学系，1929年留学日本,修业新研究所,旋入早稻田大学新闻系。归国后出版了《新闻文学概论》《中国新闻事业》《新闻学入门》《新闻学概要》等十余本新闻学专著。

② 谢六逸，中国现代新闻教育事业的奠基者之一。著名的作家、翻译家、教授。1917年以公费生身份赴日就读于早稻田大学。1922年毕业归国，入商务印书馆工作。后历任神州女校教务主任及暨南大学、复旦大学、大夏大学教授。1930年任复旦大学中文系主任，并创设了后来闻名海内外的复旦大学新闻系，任主任。

续表

序号	年份	书名	作者	备注
32	1936	本国新闻事业	郭步陶 编著	申报新闻函授学校讲义十一
33	1936.6	新闻之理论与现象	张友渔 著	
34	1936.11	记者道	袁殊 著	
35	1937.7	现代新闻学概论	储玉坤 著	国民党政府唯一指定大学新闻理论教科书
36	1938.7	战时新闻学	任毕明 著	
37	1938.9	中国近代之报业（上）	赵君豪 著	
38	1938.9	中国近代之报业（下）	赵君豪 著	
39	1938.10	基础新闻学	李公凡 著	
40	1939.7	中国报人之路	杜绍文 著	
41	1940.4	新闻学	戈公振 著	1932 年完稿，另有 1947 年版
42	1941	新闻学的基础知识（上）	中美日报读讯会 编	中美日报读讯会实用新闻学讲义
43	1941	新闻学的基础知识（下）	中美日报读讯会 编	中美日报读讯会实用新闻学讲义
44	1941.7	综合新闻学 1	任白涛 著	
45	1941.7	综合新闻学 2	任白涛 著	
46	1941.7	综合新闻学 3	任白涛 著	
47	1944.9	新闻学	鲁风 著	新中国自修学院约稿
48	1946.6	科学的新闻学概论	萨空了 著	另有 1945.3 出版的署名艾秋飚的版本
49	1946.11	新闻史上的新时代	胡道静 著	
50	1947.12	新闻学的理论与实际	〔英〕斯蒂德 著 王季深 吴饮冰 译	上海文化函授学校读本

序

當「中國的新聞記者」出版之後，我就想繼續鼓着勇氣，談談中國的新聞紙的過去和現在。但是事與願違，蹉跎復蹉跎，三個月來竟然未着一字。

這回從北平回到上海，承幾位朋友好意的催促，盡五晝夜的工夫，草率地將這本小册子寫就，淺薄和蕪雜，是不可免的。來來像這樣亂七八糟的中國的新聞紙，要有系統的加以評論，是不容易的事，何況新聞界落伍的我，假使是可以的話，那麼沒有充分的時間收集各地存廢的日報，沒有找到精確的參考材料，也是無從下筆。中國，這樣龐大的中國，更如一部廿四史，從那裏說起呢？

幫我做成這本小册子的參考書，祇有一本戈公振先生的「報學史」；可是「報學史」裏所記述的祇有民國以前的舊話，從民國元年起以至於現在，但憑我個人腦力所能記憶的印象，隨便加以說明罷了。遺漏是在所不免，愛惜也不能說是絕無，不過事實還是事實，我可沒有替那個報館做宣傳或反宣傳。

這裏，頂使我自己不能滿意的，是太偏重於上海了；但是沒有法子，因爲我是一個上海的新聞記者呀！

中國的新聞紙，既沒有法律的保障，又缺乏獨立的資本，所以要找有十年廿年的歷史，屹立不移，以至於今日者，全中國能有幾家？大抵都是隨着政局的變化，「一朝天子一朝臣」此仆彼起，你關我開，做做軍閥官僚的留聲機罷了。他自己何嘗是因辦報而辦報的呢？這樣幼稚，這樣雜亂的中國新聞紙，記也記不清，談也談不盡。這本小册子之不稱人意，是我所料得的，我也大可不必諱言。

末了，我還得聲明一句：倘使本書還有再版的機會的時候，我總得盡我的新的發見，繼續加以增訂，力求完備。

張靜廬自序於上海商報館　一七，九，一，

目次：

四 上海報館的組織和現狀

一　新聞紙的起源

一　新聞紙的定義

新聞，這一個名詞，始見於宋朝。當時傳遞消息的所謂「邸報」已經很風行的了；除「邸報」外，還有許多私人方面，用種種的方法，探聽一些在重要的機關裏所洩漏的消息用非公式的傳遞給幾個人或散居若干區域的若干人，那時候名之曰「小報」：朝野類要說，「邊報，係沿邊州郡，列日具幹事人探報平安事宜，實封申尚書省樞密院，朝報日出事宜也。每日門下後省編定請給事判報方行下都進奏院，報行天下。其有所謂內探省探衙探之類，皆衷私小報，率有泄漏之禁，故隱而號之曰新聞。」照這一段的紀事，那麼我們正可以說，我國在宋朝的時候，已有私辦的新聞紙了，不過在那時候，機械還沒有發明，而又格於禁令，所以「邸報」可以用本板雕刻後，刷印若干份，驛遞各處，「小報」卻不許有同樣的刷印，至多是用人工的抄寫，秘密的分遞給各地的關係人罷了。但是論其性質，頗有幾分像現在的民有的新聞紙。所謂「內探省探衙探」之類，卻和現在的新聞記者一樣。

現在，我們對於新聞和新聞紙，所下的定義是：「新聞者，對於讀者引起興趣與影響之事件，發見，意見等正確而得時之報告也。」用機械複製而成爲一般的普遍讀物的，叫做「新聞紙」，亦名「報紙。」戈公振先生在他的報學史裏，綜合各國新聞學家對於新聞紙所下的定義，概括而定比較簡明而確當的定義曰：

報紙者：報告新聞，揭載評論，定期爲公衆而刊行者也。

新聞紙的定義：照中國的報紙條例業經廢止法令的規定爲「用機械或印版及其他化學材料印刷之文字圖畫，以一定名稱，繼續發行，均爲報紙。」又郵政章程第九章新聞紙」類：「凡屬各項可以訂購之出版物，無論華文洋文，即如新聞紙及按期出版物，在中國著名之印刷所，按指定之期，挨次編號出版，且係散張成秩，不用木板布皮等套，或他項堅實之物質裝訂者，即准在發行處應赴之郵務管理局掛號，作為新聞紙類郵寄。」如果是這樣的解釋，作為「新聞紙」的定義，未免失之寬泛，不合於中國的習慣；若照現在中國幼稚的新聞事業而論，所謂新聞紙從狹義的，那麼不如直截了當的說，「凡是定期刊行，以機械複製，將一般有興味的現實事件狀態之混合的複雜的內容，化為通俗的版出物」叫做新聞紙。因為這樣的解釋，可以免掉新聞紙和其他的定期刊物雜誌混爲一體。定期刊物，雖有也有專載新聞的三日五日七日出版一次，在某一縣或鄉鎭所發行的，不過在現在的中國內地，還是極少極少，即使是有，也是銷行不出一縣一鄉一鎭的。普通的所謂雜誌，雖也有混合的複雜的內容，然而雜誌究竟是帶有專門色彩的，不是一般的讀物，或許沒有像新聞紙一般的有時間性。

二 從唱賣新聞談到邸報

在中國還沒有新聞紙以前，在朝的有公的「邸報，」私的「小報；」在民間的有唱的新聞，和畫的新聞二種。後二種不知發原在什麼時候，在邸報和小報以前或以後，那都沒有方法考據的了。

唱的新聞，在我們的鄉間——浙東一帶，名之曰「唱新聞，」業之者大抵是盲人，也有不盲的，不過狠少數。他們所唱的，都是民間所發生的一樁可歌可泣的事件，原原本本，有系統的，從事件的開始，以迄於終了，和現在新聞紙上所記載的社會新聞一般，當時，在沒有新聞紙記載的時候，除掉了宦海升沈的官報，科舉中式的捷報外，其他凡是民間所發生的事件，是沒有方法能聽到的，他們所能夠聽見到，而現在還在傳誦的可歌可泣的故事，就是在這輩「唱

新聞一的人們的口裏所唸出來的新聞能了

畫的新聞，比較唱的新聞是進步得多了。他是棄舊翻新，花色繁多，消息也敏捷因為他的手續簡便，不像唱新聞的要將一件經過的事實，從起頭以至於結局更不必像唱新聞的要將這一樁事件，用諧韻來編為長篇的歌詞，學會了一樁，該背掉了多少的時日，才能夠背誦如流地唱出來一句不脫唎；聽唱的人們，除掉聽了他的告訴你這一樁新聞的內容複雜情節以外，還要評判他唱的腔調的悅耳與否？嗓音的圓潤與否？畫的新聞，在這些困難的手續和技巧，都可以不成問題。畫的新聞，一名為「賣新聞，」他是用一張普通的薄紙，將最近鄰省或鄰縣民間所發生的一樁值得轟人聽聞的新聞，用粗陋的畫工，畫就了六幅或八幅的小圖，經木板雕刻而成一長方形，然後用手工刷印的方法，印就了若干張分給「賣新聞」的人們，拿了分跑到各縣市鄉鎮，出賣給那些愛聽新聞的人們。這一張粗糙的畫紙，雖然那紙上沒有一個字，加以說明這圖的內容，可是這六幅或八幅的畫，却是有連環性的，從開頭以至結局也有未曾結局的，照已經廢止的中國報紙條例的規定，「用機械或印板及其他化學料材印刷之文字圖畫，」的解釋，我們大可以名之曰「畫的新聞紙，」

「唱新聞」現在鄉間還是有的，不過已經失了他的意義，在聽的人們，祇曉得聽他的唱句和腔詞罷了；實際這些「唱新聞」的人也沒有新編的新聞，陳陳相傳，於是乎變做了故事的歌唱者了。「賣新聞」到現在還常常見到，就是在中國新聞紙最發達的上海，也還可以碰到，假使你留意；不過賣畫而兼唱歌，信口開河，買的人們，多因聽其唱而買其畫罷了。

「邸報」一發現於唐德宗時，雖現在已經有一千一百五十年了。裏面所記的都是皇帝的起居言行，和官吏賞罰宦海升沉的事。係用手寫後再用木板雕刻成單張，以事務的簡繁定張數的多寡；每頁分十三行，每行十五字，字大如錢，有界欄而無中縫。(註)宋時的「邸報」除掉刻登皇帝起居注外，還選刊各疆吏諫史的重要奏摺和建議書等，分給各衙門部署，以資參考。汪文定與李運使書：「塈田之議，頃於邸報中見之，頗訝其首尾不貫串，今得見全文幸甚。」那麼在當時邸報中所刊登者，不過一些提綱挈領的話，略而不詳，因爲印刷雕刻的不方便，其所記載自然力求簡略，亦如現在新聞報上的專電罷了。（如果電報發達，電報就可以傳達較長的新聞，就無須再標專電的名稱了。）

因爲「邸報」是皇帝所獨有的東西，其所選登又祗限於可以公布的公文。朝士疆吏，爲需要敏捷的消息，多量的新聞起見，於是乎又有所謂「小報」者，應這樣的需求而產生。「小報」在當時極爲人們所注意，試讀海陵集中論禁小報文，便可知當時人們的重視「小報」有如此者。文曰：「方陛下頒詔旨，布命令，雷厲風飛之時，不無小人譸張之說，眩惑聽衆。如前日所謂召用舊臣，浮言胥動，莫知從來，臣究其然矣，此皆私得之小報。小報者，出於進奏院，蓋邸吏輩爲之也。比年事有疑似，中外不知，邸吏必競以小紙書之，飛報遠近，謂之小報。如曰今日某人被召，某人罷去，某人遷除，往往以虛爲實，以無爲有。朝士聞之，則曰已有小報矣。

州郡間得之，則曰小報到矣。他日驗之，其說或然或不然。使其然耶，則事涉不密；其不然耶，則何以取信？此於害治，雖屬甚微其實不可不察。」觀此，所以我們可以說，宋時的「小報，」已具新聞紙的雛形和價值。至其「其然或不然」因爲是邸吏私自訪聞所得，爲傳遞消息迅速起見，或其事尙未成熟，或其說未必果行，必要待之「他日驗之，」才可明白。這正是現在新聞記者的口頭禪，所謂「有聞必錄」是也。但是要以「他日」的事實，來證明「今日」的傳說，自然不免有「不然」的地方，就是現在的新聞紙上，何嘗就沒有「不然」之處呢？況且從前的「某人罷去，某人遷除，」

在皇帝之一言，喜怒風雲，朝夕不測，我們正不必爲「小報」病。猶之乎現在的新聞紙刊登的專電，某任部長，某部局長，非待見正式命令，未必卽靠得住；所以民國以來的政府公報，雖然在新聞紙這樣發達的時候，還是爲各部署衙門所重視，用以證實新聞傳說的「或然或不然。」

「邸報」爲私邸所發行。因唐時十六節度使的私邸，都設在首都。「邸報」，就是由私邸通報給各自的藩鎮的通報機關，如現在的官辦通信社。「邸報」中所記不外皇室的狀況，詔令，奏章，敍任，辭令，謁見，朝覲，賞罰，廟堂會議等等，其發行爲不定期刊。直到元朝，才改定爲每十天一次。

「邸報」這個名詞，到清朝方才廢止，改為「京報」

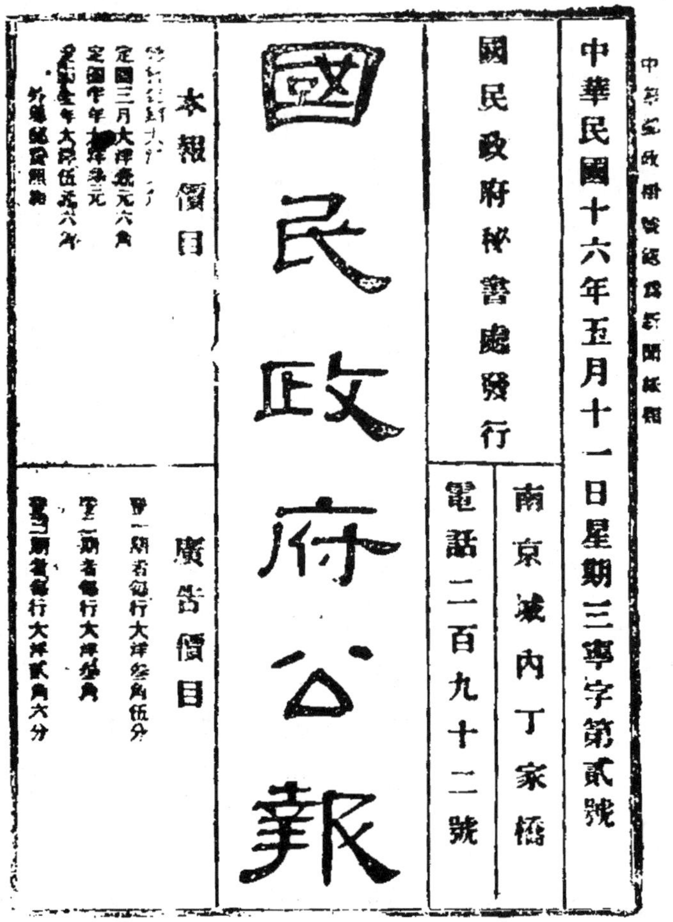

國民政府公報

中華民國十六年五月十一日星期三寧字第貳號

國民政府秘書處發行

南京城內丁家橋

電話二百九十二號

本報價目

廣告價目

其內容格式，和從前相同，不過由散張而成為本裝罷了。民國時代，新聞紙已非常發達，但是「政府公報」還是一樣的存在；革命後，國民政府繼續出版「國民政府公報」也是一樣的格局，換湯而不換藥。不過「京報」「政府公報」是每天發行「國民政府公報」却是每逢一日十一日二十一日，每月發行三次。

（註）中國雕刻源流考

二 新聞紙的發展

一 外國人所辦的新聞紙

官報——統治階級所有的——之外，民有的新聞紙，當以一百十四年（一八一五年）前的「察世俗每月統計傳」為最早，創辦的是倫敦傳教會，編輯的人是英人馬禮遜，麥都思，和我國耶教徒第一人粵人梁亞發。主其事者為英人密爾恩。印刷發行都在馬六甲地方。從清嘉慶二十年起，至道光元年止，凡七年。繼起的有「特選撮要」發刊於巴達維亞，凡四年。又有「天下新聞，」發刊於馬六甲，凡四年；內容所刊登的爲中國新聞，歐洲新聞，科學，歷史，宗教等，係用活版排印。

在中國境內，外人所主辦的新聞紙，當推「東西洋考每月統計傳」爲最先。從道光十三年起至十七年止，凡四年，主其事者爲英人郭實臘，發刊於廣州。此後，在中國境內續有出版如香港的「遐邇貫珍，」寧波的「中外新報，」上海的「六合叢談，」香港的「仔刺報，」上海的「中外雜志，」都是每月一本，裝訂成秩。（中外新報初爲半月刊，後改月刊。）週報之最初者，爲廣州的「中外新報七日錄，」上海的「教會新聞」都每星期一次日報的最先出版的，是香港的「中外新報」在清咸豐八年，（一八五八年）由伍廷芳向孖剌報提議，增出華文晚報一種，定名為「中外新報，」即由伍君主持編輯，初發行時為兩日刊，後改為日刊。繼此而起的有「上海新報」及「滬報」（滬報創辦光緒八年，旋售於日人，改名同文滬報。）等。到同治十一年（一八七二年）現在在至中國最佔勢力資格最老的「申報，」由英人美查創辦而出現了。

申報創辦之歷史，據中國報學史所載：「申報發刊於同治十一年三月二十三日，為英人美查所有。美查初與其兄販茶於中國，精通中國語言文字，某歲折閱，思改業，其買辦贛人陳莘庚，鑒於上海新報之暢銷，乃以辦報之說進，並介其同鄉吳子讓爲主筆。美查贊同其議，乃延錢昕伯赴香港，調查報業情形，以資做效。時日報初興，競爭者少，其兄所營茶葉亦大轉變，故美查得以歷年所獲之利，先後添設點石齋石印書局，圖書集成鉛印書局，燧昌書局，燧昌火柴廠，與江蘇藥水廠等，光緒十四年，美查忽動故國之思，乃添招外股，改爲美查有限公司，而收回其原本。托其友阿拍脫及芬林，代爲主持。光緒三十二年，公司以申報館營業不振，及江蘇藥水廠待款擴充，由申報館買辦席子佩，借款接辦，名義則尤屬之外人。民國元年，席將申報館售於史量才，於是申報遂完全歸於華人。」

「申報」這一個名詞，在中國境內，幾沒有人不曉得的，無論這個人識字不識字，或是老年的婦人，年青的小孩子，他都曉得；他們雖沒有

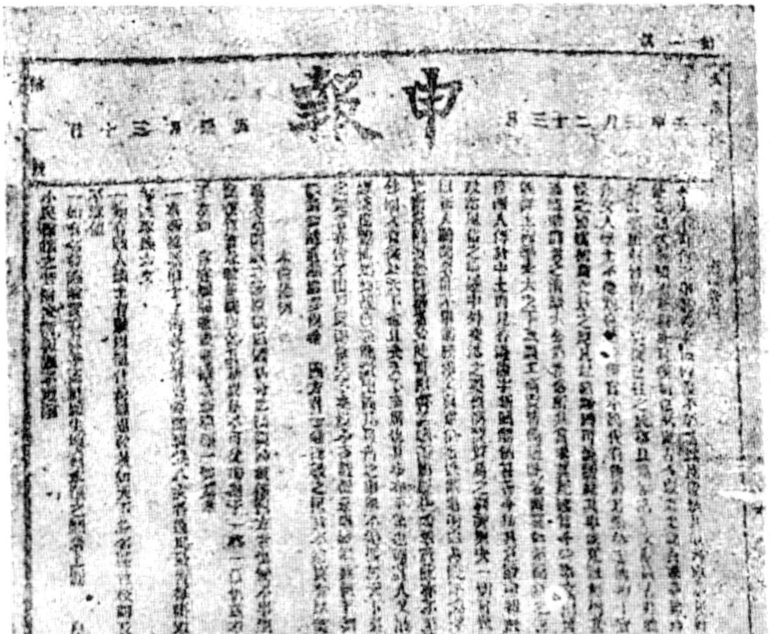
申報

見過申報；但是他無論拿一張什麼樣的報紙，他不曉得，他就名之曰「申報紙；」也頗有識字的人，他雖曉得別種報紙的名稱，可是他往往就隨便稱任何報紙爲「申報紙」這「申報紙」三字，幾幾乎在中國內地，是代表任何新聞紙的一個總名稱了。

繼申報而起的，在現在成爲中國二大日報，佔中下階級社會唯一的勢力，銷行最廣的「新聞報，」開始創刊於光緒十九年（一八九三年）的上海，離申報創始期後二十年。

新聞報初爲中外商人所合組，推英人丹福士爲總董，延蔡爾康爲主筆。後爲經濟竭蹶，宣告破產，讓盤於美人福

開森先改英國公司，後改爲美國公司，在特來福省法律注册。福開森爲董事長，汪漢溪爲總理；汪逝，由其子伯奇繼任，

外國資本的報紙，在中國境內者，後尚有福建的「閩報，」創於光緒二十三年。北京的「順天時報，」創於光緒二十七年。奉天的「盛京時報，」創於光緒三十二年。大連的「泰東時報，」創於光緒三十四年。這都是日本人的資本，爲文化侵略的工具。革命軍北伐時，亂造「國軍赤化」之謠；濟南慘案發生以後，更肆無忌憚，顚倒是非，宣傳其「山東出兵」正大光明的正義，而抹殺事實，還以砲攻濟南城，把住膠濟路，強佔我山東半省爲有理。可是我們不爭氣的

中國人，尤其是平津的中下級社會和自命為上等人的官僚政客，還是一樣地像做了日本帝國的順民一樣，寧願不看中國報，不可不看順天時報，於是乎這罪惡昭著的日報，還是在平津一帶為銷行廣大的新聞紙，和美國教會所辦的「益世報，」為北方勢力最大的新聞紙。

二　中國人自辦的新聞紙

民有的新聞紙，純粹為中國資本，中國人主編的，要算同治十二年在漢口出版的「昭文新報」為最早。其次為同治十三年上海出版的「滙報，」香港出版的「循環日報，」光緒二年在上海出版的「新報，」光緒十二年在廣州出版的「廣報。」待光緒二十一年，中日戰爭之後，民氣陡漲，民報的產生，更和雨後春筍般的勃興，強學會的「中外紀聞，」「強學報，」先後在上海北京出版。著名的「時務報，」「時務日報，」「蘇報，」「時報，」「神州日報，」時事新報等，都相繼在上海產生了

這是民有新聞紙的最盛的創始期，當時編著的都是有名的學者，如康有爲。梁啟超，章太炎，蔡孑民，吳稚暉，于右任，狄平子，汪穰卿等。可惜都是一班文人，除了下筆千言的做做文章外，不明經營之術。因此，經濟發生困難，便漸漸地

消滅現在我們還能夠看得到的祇剩有「時報，」「時事新報，」和香港的「循環日報」罷

1. 循環日報　創刊於同治十三年。先是，有王紫銓者，以上書太平天國忠王楊秀清之嫌清廷欲得而甘心，乃隨麥華陀牧師走香港。旋應英華書院之聘，編輯聖經，遂家焉。迨歐海理牧師解散英華書院，王氏遂與該院買辦黃平甫集股購入，易名中國印務總局，此同治十年事也。後就印務總局改組循環日報。「循環」云者，意謂革命雖敗，而藉是報以傳播其種子，可以循環不已也。王氏自主筆政，洪幹甫及其壻錢昕伯輔之。錢

氏蓋奉申報主人美查之命，赴港調查報務，以資仿效者也。初創時，新聞用洋紙印刷，船期尙用土紙。新聞常佔三分之一，區爲三欄，首欄選錄京報，次欄爲羊城新聞，又次則爲中外新聞欄，然其時交通未便，消息難通，故主筆政者常須述野語稗史以補白。次年附刋日報，擇重要時事彙爲一册，每年取費一元。嗣因銷路不多，未期年而罷。當時該報有一特色，卽冠首必有評論一篇，多出自王氏手筆，取西制之合於我國者，諷淸廷以改革。「弢園文錄外篇」卽集該報論說精華成之。其學識之淵博，眼光之遠大，一時無兩。自是而後，上海新加埠之報紙漸興，互相轉錄，材料遂不虞缺乏。光 四年，該報因省港消息靈通，特將每日報紙於先一夕派送，是爲香港漢晚報之先聲。但往省船隻，例於下午四時開行，而報紙印竣須在八時，故寄往廣州澳門者，均須俟諸次日。歷四年，因時促事忙，遂取消晚報。光緒三十年，增加篇幅，分爲莊諧二部，附以歌謠曲本，字句加圈點，閱者一目了然。光緒三十四年，京滬要事以電報傳達，於是港中各報，遂以專電互競優劣，近年更迭有改良。中國報學史

2. 時報　光緒三十年四月二十九日，創刊於上海，主

持者為狄楚青。先是，狄氏抱革新思想，自日本歸國後，即與「湘學報」主筆唐才常在上海組織中國獨立協會，圖大舉。假名東文譯社，以掩官廳耳目。經濟無出，則鬻舊藏古書畫以充之初擬結連各秘密黨，乘間入京，尋拳禍大作，首都淪陷，乃一面邀集各省人氏，組織國會，推容閎嚴復為正副議長，以為對外代表人民之機關。一面購置軍火上溯漢口，欲佔為起義之地。惜內部事機不密，功敗垂成。從此狄氏灰心武力運動，乃創辦時報，為文字上之鼓吹。延陳冷為主筆。獨創體裁，不隨流俗，如首立時評一欄，分版論斷，扼其機樞。如持教育，如保存國粹；如注重圖畫，如歐戰後復增教育實業婦女兒童英文圖畫文藝等周刊，今均爲各報所踵行。又如光緒三十年之冬，爲粵漢鐵路建築權，發爭回權利之議論。次年以英人虐待華工，勸國人製造國貨，購買國貨。民國五年，因日人二十一條之要挾，提倡救國儲金，藉衆力以振興實業。此皆其犖犖大端，爲注意時事者所能記憶。（中國報學史）

從戊戌變政開始，經過拳亂的對外戰敗，以迄於辛亥革命前後，這一個時期，可算爲中國新聞紙的發展最迅速的時期，無論在朝的官吏，在野的民衆，無不重視新聞紙。而尤其注重於新聞紙上的論評當時，對於新聞的採訪，選擇，都沒有十分的用力，因此造成了封建式的訪員制度，竟爲新聞紙改革的一個大障礙。但是，那時候的辦報者，眞正是以新聞紙爲營業的很少很少，他的用意，也不過是在假此以宣傳其一黨一系的政見罷了。所以少則一年半載，多則三五年都爲受了經濟的壓迫而倒了。

三　新聞紙與革命運動

一　辛亥革命前後的新聞紙

新聞紙有製造輿論，宣傳主義的能力，所以中國的革命，實與中國的新聞紙有密切的歷史的關係。中國新聞紙的主張革命，當推光緒二十五年在香港出版的「中國日報」為最早。而與辛亥革命有直接關係的「蘇報」「國民日日報」「警鐘日報」「復報」「民報」和至今猶膾炙人口的「民權」「民立」等報。

「蘇報」創辦於光緒二十三年，主筆政者爲吳稚暉章太炎蔡元培等；後因鄒容的「革命軍」一書，爲清廷所查封，鄒容死於獄，章太炎監而後釋。「國民日日報」創辦於光緒二十九年，主筆政者爲陳獨秀章士釗蘇曼殊。因與「蘇報」的關係，亦爲清廷所查禁，「警鐘日報」爲蔡元培劉師培等組織，至光緒三十一年被封。「復報」和「民報」都在日本東京出版，創刊於光緒三十一年。「復報」爲劉師培主編；「民報」爲張溥泉汪精衛胡漢民等主編，因爲在國外出版，言論比較自由所以鼓吹革命，宣傳主義，旗幟極爲顯明「民呼」「民吁」爲于右任所創辦，出版期均甚短促；「民立」亦爲于民所辦，爲當時黨報中銷行最廣者；至民國二年因經濟困難而停刊，宋教仁章士釗徐血兒等，均先後爲該報編輯。

辛亥革命以後，爲黨宣傳的新聞紙更多；元年，孫總理退讓臨時大總統與袁世凱，以促成南北統一之大業。民黨中人除一部分已被選爲參衆議員外，其淸高者，不樂於官吏生活，不熱中於利祿思想，乃相率與總理同退，還其書生本色，從事於筆墨生涯，藉新聞紙以宣傳國民黨的主義和政策「民權」「天鐸」「生活」「國民新聞」「中華民報」尤爲個中的皎皎者。

「民權報」為戴季陶所主辦，文章署名為天仇，日作千言，洋洋灑灑，與當時風行的「民立報」相埒，措辭激烈，讀之令人興奮。天仇文集中所刊的，就是當時在報上所做的論文。天仇文集今已絕版，戴氏嘗在其編輯室牆上，大寫「報館不封門不是好報館，主筆不入獄不是好主筆，」其態度之急進，可見一斑。而此二語，在現在還傳誦於新聞界。「民權報」的內容，不僅是天仇的論文為別報所不及；就是小品文字，也都是當代名著，如所刊詩文遊記小說筆記、散文等，均屬一時上選，所以民二革命失敗，報紙停版，館中舊友，彙集報尾文字，印成「民權素」十八集，銷售不下十萬册，名貴的作品不勝枚舉。「天鐸報」爲李懷霜所辦，現代的評論專家陳布雷，就在該報露其頭角。「生活日報」爲徐朗西所辦，徐氏畢業於日本鐵路學院，爲關中革命的領袖。該報首注重於民生問題，提倡總理的開港築路的交通救國政策；又刊行「生活雜志」，延陳屺懷爲主筆。二次革命失敗徐氏走南洋，報和雜志都停刊。「國民新聞」爲呂志伊所主辦，「中華民新」爲鄧家彥所主辦，評論措辭極爲激烈，與「民權報」同稱爲三民。

二 洪憲時代的討袁報

從二次革命失敗，國會解散，國民黨人都被袁世凱所通緝，逃到外國，其時，國內的新聞紙，都懾於袁氏淫威之下，日歌頌袁氏的功德，奄奄無生氣，但是當時的民心，都求苟安於一時，認孫總理所主張的三民主義，完全是理想，是空談，是玄學；不僅是沒有經過訓練，沒有遠大眼光的民衆是這樣，就是所謂黨員，也何嘗不如此呢？做官的做官，捧袁的捧袁；因政見(？)的不同，自立政黨的慢慢地離開了革命的陣綫。直到民國四年，袁世凱帝制自爲之心，暴露於世人之前，於是討袁的聲浪，漸次震盪於南方各省區，軍事上的經營漸次成熟，討袁的新聞紙，亦絡續出現，在上海如民黨的

「民國日報」由葉楚傖邵力子主辦；「民意報」由徐朗西主辦；政學系的「中華新報」由楊永泰谷鍾秀主辦。其時研究系的「時事新報」也由廣東軍務院的關係，力抨袁氏。袁氏則爲抵制反對者的輿論，特派薛大可到上海，辦一張「亞細亞報」公開的主張帝制，出版後，於九月十二月，兩次被徐朗西手擲炸彈，雖然沒有炸壞了什麼，可是究竟嚇破了這洪憲走狗的胆，因此不久便停了刊。北方各報，凡屬華人自辦的，因在袁氏權威之下，自然不敢講話。祇有日本人辦的「順天時報」鳴鼓而攻之，銷路驟增，爲北方日報之冠。天津有劉揆一辦的「公民日報」延劉鑄生張靜廬為編輯館址設日租界內，並為北方革命黨的通信機關，但是報紙的銷行，僅限於各租界內，華界則力事查禁，東馬路一帶皇皇布告，高標牆上；可是民心未死，報紙的潛銷，仍然達到內地，不過以輾轉秘密，報價竟高漲到一毫大洋買一份。

袁氏死後，「民意報」「公民日報」等都相繼因經濟困難而停刊；惟有「民國日報」仍繼續出版到現在，成為上海革命歷史最永久的黨報，但是中間幾經困難，尤困於經濟，葉邵二氏，常常典衣鬻物以換紙，慘淡經營以迄於今日。「中華新報」一嘗延吳稚暉為編輯，其最傳誦的「騰

「盦谷廬談話」一書，就時在該報時每天刊登的散文；（壁盦谷廬談話一書歸發中華書局發行，）延陳白虛為小品編輯，陳又延王新命助之；其內容之豐富，與民國日報之「民國閒話」相埒（時民國閒話為成舍民所編，楚傖亦時作小說散文，著名為小品。）後吳陳等都離去，谷楊等亦赴京做官，館事沒有人主持，乃讓給殷汝驪主持，殷復讓給譚老談，雖延有中國評論名家張一蔡為主筆，間且附刊「創造日」副刊一張，由創造社郭沫若成仿吾郁達夫等主撰，銷路殊告兩無起色，卒因經濟支絀而停刊。（創造日現印有單行本，上海泰東書局發行）

國會恢復，黎元洪再為馮婦，國人視線均集中於北京，北京於是便爲政治鬥角之場時京中最銷行之報紙：除日人的「順天時報」，美人的「益世報」和資格較老的「北京日報」外；章士釗主辦的「甲寅日報」和掛名民黨的「中華新報」最佔勢力。先是，章士釗逃到日本，於民國五年三月，自編「甲寅」雜志出版，鼓吹其所主張的聯省自治；極爲一般人所歡迎；歡迎的心理有二：1.迷信袁世凱者，以爲袁氏是怎樣的一個有作有爲的雄傑，都沒有方法以治今日之中國，則欲求中國的和平統一，非採聯邦制的聯省自治政策，實無術以策中國的和平統一；至於先總理所主張的三民主義，仍視爲理想空談，認爲決沒有實現的可能性，1.因為章士釗的文章，別倡風格，為近代難得的時論，（甲寅雜志存稿印有專集由商務印書館發行）「中華新報」則胆大能言，雖沒有元二年上海「民權」「民立」的精神，然在北京報界中，確是一個評評者了；可惜主辦者，目光近視，除批評當時的政局以外，固未嘗為三民主義宣傳也。

三　新文化運動與副刊

自陳獨秀胡適之假「新青年」雜志，鼓吹新文化運動後，接連發生了「五四」運動。「五四」運動發生於北京，為中國青年的政治運動，也可以說是中國民眾直接參與政治運動的第一聲。其時北京的新聞紙，最努力於宣傳的，首推「晨報；」晨報初辦時名「晨鐘報，」後改爲晨報爲蒲伯英所主持，研究系的機關報和上海的時事新報，同一個性質。

「晨報」對於新文化運動，的確有很大的功績。從前無論京滬和各地的新聞紙，其報尾所登的小品文字，上海人所謂「報屁股，」都是記些江湖綠林的小說和雜記，甚至於引人入迷的鬼怪神話，和誘人作惡的黑幕秘訣。晨報首先割除這類文字，另於正張之外，添印半張，專刊有價值的文藝作品，由孫伏園主編，極爲學生界所歡迎；孫去後，由

徐志摩主編。徐去，改由瞿世英主編，每月訂成一册，銷行及於全國。魯迅的創作「阿Q正傳」就是每天在這上面所

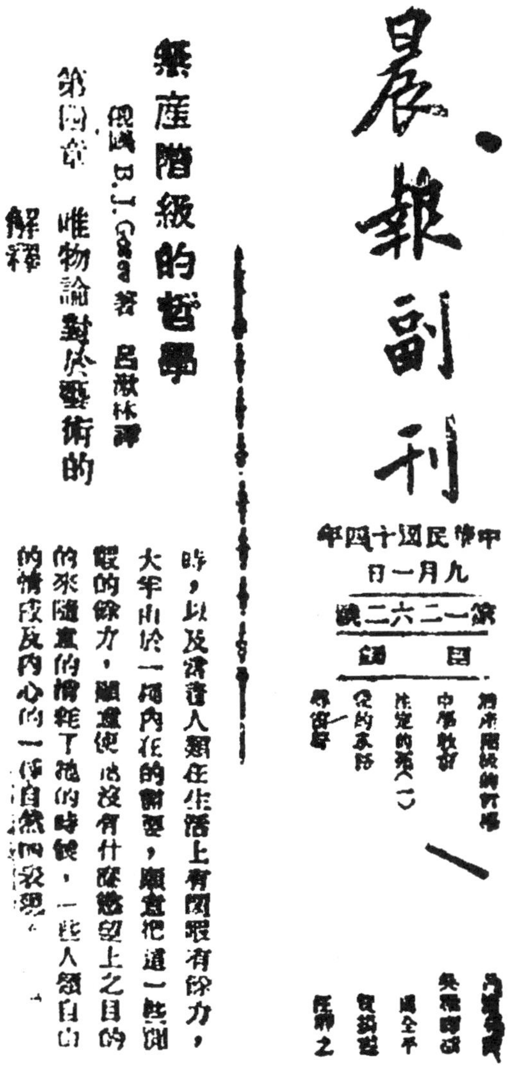
晨報副刊
中華民國十四年九月一日
第一二六二號
目錄
無產階級的哲學
俄國 B.J.Gorev 著 呂澂林譯
第四章 唯物論對於藝術的解釋

刊登的。即以新聞的編輯方法論，也算晨報爲中國新聞紙的首屆一指。

上海的新聞紙，從事於新文化運動的，要算「時事新

報」和「民國日報。」初，上海和內地的教育界，所喜歡看的日報，莫過於上海「時報，」因為時報在當時，對於教育界的新聞，記載特別詳細的緣故；從新文化運動以後，全國青年的思想，為之一新，時報的主編者，不曉得迎合時代潮流，並一張副刊都不肯出版，仍保留其「餘興」「小時報」的老套頭。因此，時事新報的副刊「學燈，」應時而起，延宗白華爲主編，提倡新學說，一時之盛，於是學界極表歡迎，時報十餘年來在教育界裏所打下的根基，不能不搖動，以至於傾圮。「學燈」自宗白華郭虞裳以至鄭振鐸的編輯，仍還能夠保留其獨立發展的精神，鄭去，後續無人。歸併報尾，以至今日，已沒有人再提起這一張曾經膾炙人口的「學燈」了。

「民國日報」於新文化運動後，初闢「覺悟，」「救國」二欄；分刊各類文字；旋歸併爲一小張，名「覺悟」名義由邵力子主持，實則由陳望道編輯之，因困於經濟，不能多收精美的文稿，但是公開答覆來信，亦爲當時青年界最歡迎的一種讀物；詢問的事，獨多於婚姻問題，每日滿紙刊着「力子呀！力子呀！」的因婚姻不自由的青年們的呼聲。後又於報尾闢「杭育」一欄，刊登簡短的諸文，葉楚傖的「前輩先生，」「衣冠禽獸。」（曾刊於華北新聞）小說二種，就是登在這上面的。前證先生印有單行本歸光華書局發行後「杭育」再改為「上海社會，」「覺悟」仍舊，到現在還繼續着。現由陶百川編輯多刊討論叢著，文字與從前的覺悟不同了。

四　憶商報

在「五四」運動以後，上海會異軍突起地出現了一種新聞紙他有了七年的歷史，這是值得我們記憶的上海「商報。」

「商報」創辦人是湯節之。創辦於民國九年，籌備經年，到十年一月一日，才和上海社會人士相見。先是上海的商界，無論操何行業，其所看的報紙，總是「新聞報」上海是東亞唯一的商埠，商人在全上海人口統計裏佔到十分之六，這十分之六的商人，他們所每日愛讀的日報，新聞報最少佔有十分之八的勢力。因此，新聞報在

上海一埠的銷數，可以說是無出其右的了可是使我們失望的是新聞報雖有四十年的歷史，又有雄厚的資本，牠的主持人，總沒有想在這一張數十萬人所愛讀的報上，應該怎樣地改革，怎樣地革新，怎樣地利用這新聞紙，灌輸些新思想給讀者，指導這數千年來陳陳相因的中國舊式商人們以一種商業的智識，怎樣地介紹些經濟的學說，使頭腦冬烘的商人們，得稍少了解些世界大勢。雖然汪漢溪先生，他畢生的精神都放在這「新聞報」的上面，事必躬親的二十年如一日，以至鞠躬盡瘁，死而後已。「商報」的創辦，牠高標着這一個「商」字，大有取而代之的意思。牠雖沒有雄厚的資本悠久的歷史牠却有較新的計劃優秀的人才，足以扶助這張報，終究成爲上海報界的革命者，而值得我們哀悼，追憶者也。「商報」的主編是陳屺懷，主筆是陳布雷，他每天能在報頭上做下數千言的論文（論文的署名爲畏壘）爲上海各報所沒有的；電訊編輯是潘公展，他用最新的經濟的編輯法，有條不紊地分列電報和要聞，成爲各個的獨立，現在各報的電報分題和大事摘要，都是仿效這個編輯法。（這固然不是潘首倡的；但是在中國的報紙上，却是他最先採用的。）本埠新聞編輯是朱宗良（先是沈仲華）他雖沒有方法——自然是錢的問題——得到最靈通的新聞，可是這全版都靠通信社和訪員的來稿中，他能編列得法；尤其是「五卅」慘案發生後的本埠新聞，令人一目了然，大膽敢言。除此以外，在「商報」上最爲人所認爲特出的，就是潘更生馮柳堂所編的「商業金融。」從前上海各報祇有在廣告般的地位上，刊登些行市價目；「商業金融」却擴大他的範圍，成爲新聞紙上的另外一欄，牠除每天做有關於商業公債等的評論，和介紹經濟的思想文字外，上自國際滙兌貿易，下至商店賣買，無不詳細登載，行情市價更無論了。自從「商業金融」出現於商報後，「申報」「新聞報」「時事新報」都相繼仿行，至今仍另闢專欄或爲新聞紙上重要材料之一。可是報尾的小品文字，我們不必諱言，是落伍的了。這是主辦的人，他祇注意在商人的身上，他以爲商人祇愛看「快活林」「自由談」的文字，爲要他的報，在商界裏銷行，就不能不迎合商人的心理，就請了一位善在小報上做諧文的張丹斧，在報尾上做其屁文章。那裏會想到，「商報」的銷行，在上海的商界裏，沒有佔到了什麽地位；愛看牠的，到是智識界和青年學生呢？在這當兒，湯節之因錢債案脫離了報館，讓渡給李微五爲總理，討曹之役，「商報」可說是打倒賄選的唯一的首功。他敢本着革命的精神，造成討曹的輿論；全版，用頂大號的字體，印着曹錕的像片，直名之曰「捐班總統。」這種精神，自從上海報界「橫三民，豎三民」之後所未有的了。革命軍開始北伐，「商報」以不受民黨一錢，不爲黨報的資格，力表同情，搖筆吶喊。期北伐的成功。所可惜的是這時候李氏因無力維持而離去，繼之者爲方椒伯；可方爲一持重的普通商人，而他的後靠又是傅筱庵，傅是與孫傳芳有關係的，「擁護軍閥」和「打倒軍閥」是不能併立的，於是乎陳潘朱等都相率引去，報的價值遂一落千丈，延到民國十六年十二月三十一日壽終。到十七年九月，洪雁賓（前商報協理）黃春蓀（前商報廣告主任）重整旗鼓，繼續出版，可是已不是本來面目，經濟人才兩感缺乏，不過祇留着這一塊牌子，不使他消滅能了。舊「商報」的全部機器生財，由滙商公司讓盤於「中央日報，」「中央日報，」是國民黨中央黨部宣傳部直接主辦的日報，創刊於十七年二月十日，由潘宜之爲總理，彭學沛爲主筆。

五　革命軍北伐後上海報界的小變化

當第二次全國代表會議之後，上海黨部，因西山會議派和左傾派不相容，從環龍路四十四號，分裂另組。「民國日報」因有偏袒一方面的關係，市黨部的青年黨員張廷灝沈雁冰等出而另組言論機關，承盤「中華新報」的全部機器生財，遷移到法租界，定名爲「國民日報，」籌備數月，一切告竣，卒以法領事不肯批准，展期復展期，以至於消滅。時蔣裕泉方辦「中南晚報，」延共產黨員高爾柏高爾松爲編輯，鼓吹革命；到革命軍北伐將到達上海的時候，蔣復承盤「神州日報」全部機器生財，改組出版，易名亦爲「國民日報，」由高爾柏爲主筆，時高兼任市黨部宣傳部長，待黨中清黨，該報遂隨之坍倒。

說起「神州日報，」也自有牠的歷史的價值，值得我們追憶的：「神州日報，」創自前清宣統元年，爲于右任楊篤生汪彭年君所創辦。以鼓吹革命爲職志。厥後于辦民呼民吁諸報，楊亦去國留學，報務一任汪彭年主持。以革命精神，一方宣傳主義，一方抨擊清廷，與民吁等報相唱和、時上海報紙，都主張君主立憲的，對於種族革命，尤非所喜，且懾于清廷淫威鑒及蘇報覆轍，更抱明哲保身的主義。獨該報不畏強禦，努力主張革命。以是深得人心，銷路大增，幾爲全上海各日報冠。曾有一印捕雞姦一華童，各報皆路而不詳，該報却敢大膽記實，力揭其惡，遭當局干涉，與訟數月，而卒不之懾；且用大號字每日刋載，將其黑幕，一一披露，於是上海市民，平日有不慊于巡捕房者，得此一紙，皆爲大快，認爲言人之所不敢言。當時上海各報，銷報都不過數千，該報則以敢言之故，超過一萬以上。從民國成立，汪彭年入京做議員，報務全委汪允言主持。汪氏入京後，投身共和黨，議論與昔不同，於是乎昔之所標爲急進者，一變而爲緩進矣。民國四年，該報出售于帝制議員孫鍾，全館人員，一律辭去。自孫接辦後努力鼓吹帝制，從是風景不殊，河山頓異，神州之名義雖存，神州之精神已去。昔之受人歡迎者，一變而爲吐棄，銷數一落千丈，亂同覆甑，無人問津了。袁世凱死，孫鍾知難立足，遂出讓于錢芥塵，支撐一載，力亦不支，又出讓于余洵。時在民國七年。余洵王良元二君接辦後，力謀恢復舊觀，以冀發揚光大，然大勢所趨，無可挽回，雖稍稍起色，難與昔比。

余洵遂更易方針，於民國八年以編輯事委諸吳瑞書，而自創一三日刊曰「晶報」除單獨發行外，更于神州附送。在余之意，原欲借「晶報」之力，挽回神州，然結果，晶自晶神州自神州，晶之銷數已近三萬，爲上海小報之王而神州依然一蹶不振。至十六年，遂讓渡給蔣裕泉，改組爲「國民日報」

同時還有「新申報」一起先是章子佩所主辦，章曾一度爲申報的主人翁，後申報讓渡與史量才，營業蒸蒸日上，章乃另創新申報以號召旋復讓與許建屏，延新聞紙的收藏家主一之爲主筆，亦辦得很有精神，後又因經濟關係，出盤給宋雪琴。那時候宋任孫傳芳的駐滬辦公處處長，孫那時又剛才戰敗了楊宇霆，奪到了江蘇地盤，自爲其五省總司令，聲勢赫赫。北伐軍初動，該報因捧孫關係，天天在報上大罵其赤化，大謠其赤禍，報的銷路一落千丈，幾至無人過問；待革命軍到上海，該報就自動的關門，機器生財，現在都給民國日報館應用。

「時事新報」是著名的研究系機關報，平常的時候無論其論評新聞，總是庇袒反革命派的，總理逝世之日，該報主筆張東蓀曾在報頭做了一篇「孫文死矣」的文章，極鄙薄誣蔑的能事，爲國民黨同志所深恨，黨部因權力不及，沒有方法對付之；但是革命軍一到該報的被查封，是一件可能的事該報經理林炎夫有先見之明一待革命軍打下江西後，他便跑到南昌，向各方要人設法疏通，終于拿到了蔣總司令「准予照常出版」的手諭，回到上海。但是自此以後，該報的態度，突然改變，擁護革命，宣傳主義，不遺餘力，並延陳布雷爲主筆。

六　北平報界的不幸

當革命軍北伐進展的當兒張作霖自命大元帥，盤佔北平。其時，北平的新聞界已經很消極的了。除掉外國人所辦的新聞紙以外，著名的「晨報，」因辦報人的利害和金錢的關係，專替大元帥講話。富有革命性的「京報，」「世界日報，」和提倡社會新聞的先進，善用滑稽的諸文諷譏時局的「社會日報，」因張宗昌的入平，大大的加以摧殘。北平的新聞界，遂益無生氣。

「京報」的主人邵飄萍，爲中國有名的記者，在袁時盜國的時代，他所辦京報，因反對帝制而被封，逃到日本。袁死，他又回到北平，恢復該報，馮玉祥討曹之役，該報宣傳極爲努力，張馮之戰，該報又力袒馮氏，因此結恨於奉系。張宗昌打敗了馮玉祥，佔據北平，遂下令誘捕邵氏，綁赴天橋槍斃。

待張宗昌二次到平，「社會日報」主人林白水，用詼諧的文調，譏罵潘復爲張宗昌的腎囊，潘言於張，張遂命警察總監王琦逮捕，不加訊問，遽行槍斃。

邵林死後，京報和社會日報都宣告停刊。

「世界日報」爲成舍我所創辦，亦爲編祖馮氏的一報，該報初創時，極有精神，其所附的「副刊」延劉半農主編，尤爲青年學界所愛讀。林白水死後，張續捕成氏，幸營救早，得免死；成釋後即離平南下，報館不停版，至今猶能和世人相見。

尤

其是新聞界，容易犯罪。約法上的「人民有言論出版集會結社之自由」本來是說說罷了；還加以『報紙條例』「出版法」等，重重縛束。不過槍斃新聞記者的一件事，在前清的專制時代，似乎還不會有過。「蘇報」案，在當時是怎樣的一重忤逆的罪案呀，但是章太炎鄒容，也不過被拘捕而監禁罷了。袁世凱是怎樣的一個雄梟，他對待反對他的中國名記者黃遠生，也能祇暗殺之於美國。以一個軍人，隨隨便便拿捕反對他的新聞記者，不經過法庭正當的訊判手續而加以槍殺，這是張宗昌之前，未之有也。

北平從前的新聞紙，本來是亂七八糟的；論量，比任何地方都多，多的時候，日報竟有八九十種；論質，可以看看，的確有獨立的精神，別出的特色的，總不曾有過八，種十種北平原是藏垢納污，賣官鬻爵的一個腐化的大窟窿，無聊的文人，拍上了一個官吏或一個軍人的馬屁，騙了他五百一千的津貼費就辦起一個報來，叫印刷所在別家已經排成的報紙的大樣上面，照樣地套印一下，不過改換過一個報頭，印下五十張一百張，就算他的日報出版了；他們這不是辦報，是用白紙印上了黑字，送給出錢的後台老板過過目，自己撈些津貼費化化罷了。這樣的新聞紙(?)，那裏能夠持久，呢？所以「一朝天子一朝臣，」每一次政局的變動，同時就有一大批報紙連帶倒坍：但是過了幾時又有一批新的日報出現在大柵欄口的報攤上了。

自從革命軍打到北平以後，北平的雜亂的報紙，早隨

丁張大元帥同時壽終了・「晨報」因為擁張討赤(？)的關係，自動的宣告停刊，將機器生財，盤給李慶芳，另組「新晨

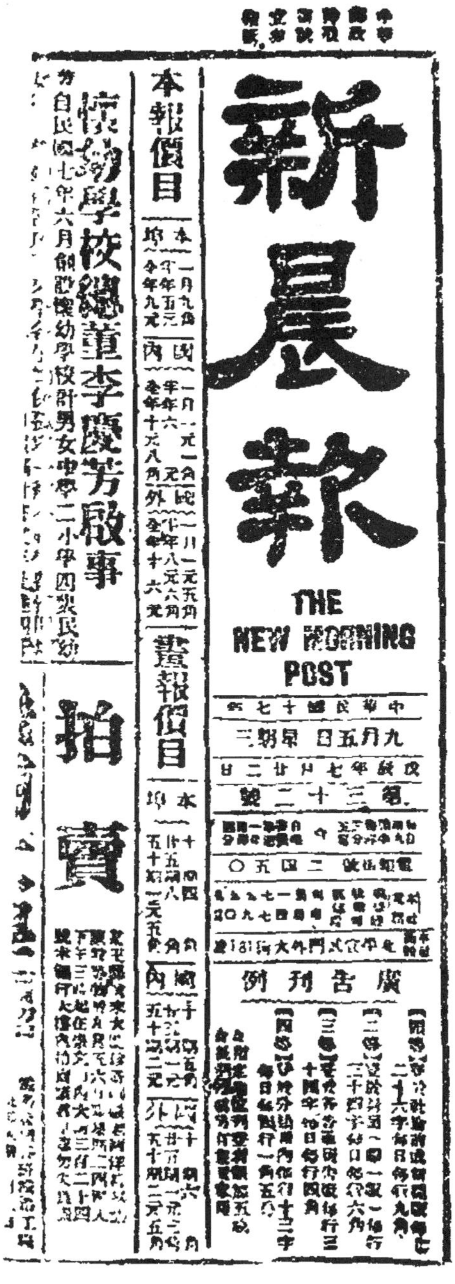

報。」雖然換了一個局面，「新晨報」卻還能保留他舊「晨報」一時代的幾處特色。「京報」卻由邵飄萍的夫人湯慧修女士，繼續丈夫的遺志，宣告復活，仍有他過去的精神，不

總評論，已不能像舊的痛快流利了。

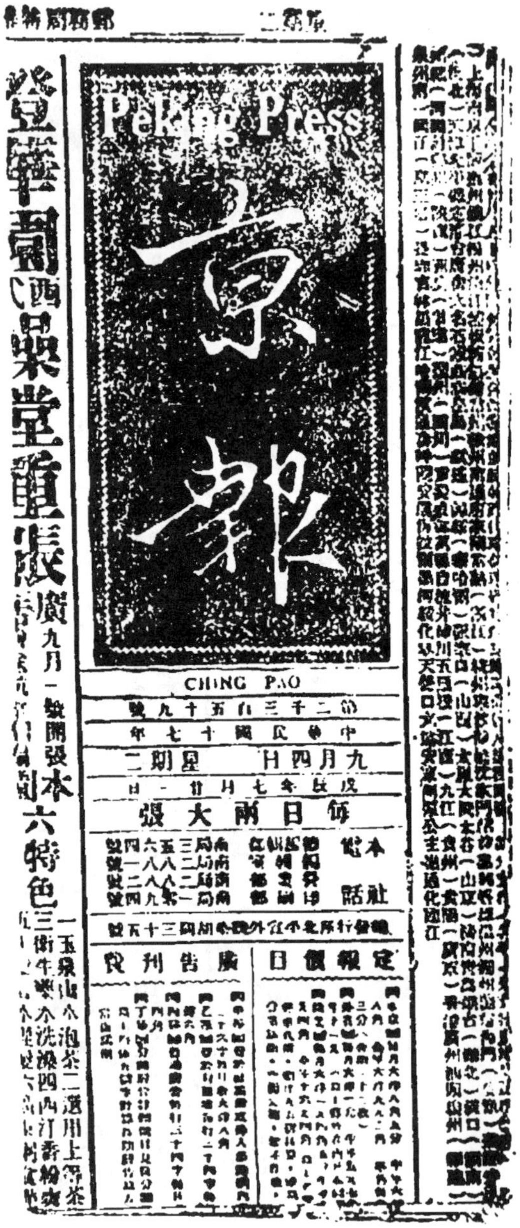
Peking Press

京報

CHING PAO

第二千三百五十九號

中華民國十七年

九月四日

星期二

戊辰年七月廿一日

每日兩大張

定報價目

廣告刊例

此外，新產生的新聞紙，有「北平日報」「朝報」「民國日報」「中山日報」等幾種，沒有像從前的多了。不過銷數都不很大，這是因為北平的人士，還是在那裏愛看舊本人辦的中國報的緣故，還有一部分的北平人，他可以不看本地的日報，却留待到下午，去買一份天津來的「大公報」看。不錯，「大公報」的確是北方有價值的一種日報，他創刊於光緒二十九年，由中國名記者胡政之所主持，議論警闢，消息敏捷，早已風行於大津，因

政治的背景，曾爲背銀所封禁。民國十四年復活，延評論專家張一葦爲主筆，胡氏自己又最辛勞能跑新聞，做文章；新聞的來源，又有上海漢口北平的國聞通信社直接的傳達，所以比任何日報爲靈通，出版的地方又在日本租界，言論比較自由和北平——在有槍階級統治下的北平——的新聞紙相比較，自然不可同日而語了。「大公報」副刊「小公園」爲何心冷所編，每週又附刊戲劇婦女，兒童等特刊，尤爲讀者所歡迎。

除掉「大公報」以外，天津還有外國人的「益世報」，這是和北平的「益世報」相聯的，顏旨徽的評論，爲全國新聞界同人所推重。二報都屬公教會，宣傳教義一秉曙康報，」為英人的資本，主任熊小豪，「五四」運動的時候，極為學界所歡迎。「庸報，」創辦祇三年，新聞宏豐，版式新穎編惰的方法亦頗講求，寔不愧為後起之秀。當民國十年，馬千里等曾辦一「民意日報，」鼓吹革命，宣傳黨義，惜因資本缺乏，問世不久便爾停刊，

四 中國報館的組織和現狀

一 上海報館的內部

報館內部組織的完備與否？自然要以其資本的大小，銷數的多少，收入的多寡而定，未可一概而論

就以上海的各日報說罷：「申報」和「新聞報」的內部組織，當然比其他各報館爲完備；他們有自己築造的高大的洋房，有最新式的大架捲筒印機，就是這二樣，也是內地的報館所辦不到的。所以內地報館的組織，的確還是

因陋就簡，除掉編輯和營業二部以外，印刷，差不多都是託別家的印刷所代印的，——能夠自己有簡陋的排字房和一二架平面的印報機的，已經算是很完備的了。

「申報」和「新聞報」的內部組織，大概分總理處：編輯部，營業部，印刷部，四大部。

1. 總理處下屬：總務，文牘稽核，會計，收發，庶務各科。

2. 編輯部下屬：電訊，本埠，經濟，教育，文藝，編譯，採訪，整理，校對考核，藏書各科；電訊之下又設收電，譯電二股；文藝之下又設雜著，圖畫二股，

3. 營業部下屬：發行，廣告，推廣，承印，收銀各科；廣告之

下又設收稿，編校二股；發行之下又設定報，零報，票簽，售版各股。

4. 印刷部下屬：印刷，活版，澆鑄，機械，製版各科；印刷之下又設印報，承印二股；活版之下又設新聞廣告，刻字三股；澆鑄之下又設澆版，鑄字二股；製版之下又設銅鋅木工二股。

上海的各報館，對於上四大部的設立，大概都全，不過四部的內容，沒有這樣的完備。譬如說製版上海自設的鑄版房，祇有「申報」「新聞報」「時報」三家有的。教育新聞，祇有「申報」「新聞報」「時報」「時事新報」四家闢有專欄，最詳細而兼有圖畫的，當推時報為最好。「民國日報」和「中央日報，」則因黨報的關係，另外闢有黨務新聞一欄；「時報」因提倡美術起見，另闢「新光」一欄，專登圖畫新聞。

二 上海各報的現狀

上海各報館，自從革命軍北伐完成以後，言論政見，差不多已成為清一色的了，各報館為增高他的地位，增加他的收入，現在可以看得出的，就是「新聞的競爭」和「廣告的競爭。」

上海各報新聞的來源：從前是祇靠各通信社和訪員，所供給的，所以常常會發現各報一律的笑話。現在這種「撑滿版」的辦法，已經不能滿足讀報人的慾望，因此各報館都另設立採訪部，由報館自己派遣記者，出去採訪重要的，新鮮的新聞。第三期北伐開始，以至打到濟南時的隨軍記者；在旅館裏吃生鴉片和投身黃浦江中的自殺者的社會新聞，採訪部也直接派遣記者去採訪。報紙上所登的活的新聞，我們現在時常都可以看到。（關於這一部，請參照拙著的「中國的新聞記者。」）

廣告競爭，自從汪英賓從美國回來擔任「申報」的廣告部主任以後，對於廣告方面的確是日有起色。並且爲拉攏商店廣告的便利起見，特另出一張「本埠增刊」專登廣告式的文字，每逢陽曆年底聖誕節前，還分出各種冬至特刊，和其他的裝飾飲食國貨等特刊，一方面是提倡，一方面可以拉攏商店的廣告。最近還另刊廣告競賽，定有獎金，以資鼓勵。「新聞報」也另刊有「本埠附刊」一種，其性質和「申報」的「本報增刊」相同；現在還每月另印各業的專號，像煙草專號，書籍專號等。「新聞報」的廣告總算發達的了，但是有一樣是我們看得出的，就是新文化書籍的廣告，該報特別缺少，甚至於沒有；我們如果拿「申報」來看，每天在第二張的封面上總可以看到「今天出

的什麼新齋，？」——「新聞報」——就沒有了。這是因為「新聞報」太注重在中下級社會不肯分一部分的精神像他的教育新聞一樣，來提倡新文化，因此青年學界不喜歡他的緣故。「時事新報」也有過「市聲」一欄，現在已經取消了。「本埠增刊」和「本附埠刊」因爲所刊登的都是上海飲食起居衣裝娛樂的事，很爲上海人所歡迎，不過祇限於上海，寄往外埠的報紙，就恕不附送了。

「時報」從狄楚青讓給黃伯惠辦理後，很注重於美術方面，新聞力求簡明，小品文字完全取消了。他報上用的是新四號鉛字和新五號鉛字，展開來一看，非常的醒目；每天有一全版的時事圖畫；還於每星期三附送一張「圖畫時報。」他印刷的機器，同時能印四套顏色；所以他的報紙上，常常有紅的綠的黃的黑的各樣不同的色墨，印在一張紙上，的確別倡一格局，是愛好美術的人們所歡迎。

說到「副刊」文字，「時事新報」的「青光」「民國日報」的「覺悟」一是半新不舊，一登黨義文章，和從前已經不相同了。「申報」「本埠增刊」上時常有「藝術界」可是都給幾位藝術家，自己捧自己的文章塞滿了。眞正稱得起的，要算「中央日報」的「紅與黑」了。所登的創作譯文都是很有價值的作品。

三 上海現存的晚報

晚報的銷行上海比不上北平。北平究竟是政治中心地，在從前的時候，大人先生們晝睡夜興，晚報出版，差不多正是大人先生浴沐更衣的時候，還不曾看完晨報，晚報却已出版了；還有北平的遊息之地，大抵都在中央公園先農壇北海一帶，啜茶納涼，就拿一張晚報作爲消遣品。上海，却不同了，除非淞滬附近有了大戰事，上海人因爲關心戰局，才肯買一張晚報看看，不然他就到俱樂部遊戲場去，再也沒有意思來理你站在路邊叫破喉嚨賣晚報的了。遊戲場，的確也是銷售晚報的好場所，可是不許你進去，這就比不上北平的自由了。

上海的晚報能維持其永恒的生命的，當推「中國晚報」了。「中國晚報」創刊於民國九年五月九日，爲沈卓吾獨力所辦，沈氏為上海名記者，他辦這一張晚報，慘淡經營，到現在已虧去了十幾萬元了；這不能不使我們欽佩其毅力。

此外還有「江南晚報」，是靠登日本廣告維持的，並且有政治的色彩。「中華晚報，」「上海晚報」二种，則銷數極少，完全是靠拉攏廣

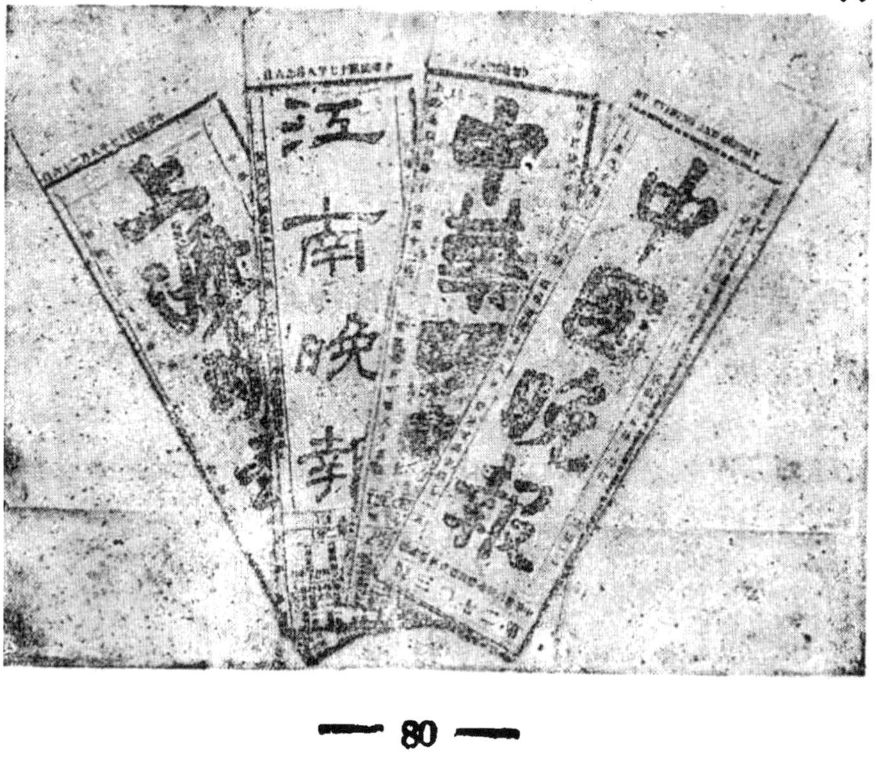

告爲目的。

上海的晚報，因賣價極便宜，全靠廣告的收入，所以非印一大張不可；北平的晚報廣告的收入少，賣價却比上海要高一倍，所以祇要印一小張就夠了。這是上海晚報和北平晚報不同之點一。又上海晚報因爲要每天印一大張，新聞又少，就不能不借重於外埠交換報，和本埠的日報，用剪刀的新聞，最少要佔一半；北平的晚報，篇幅短小，就容易湊滿當天的新聞，看起來，上海的晚報的確不能像北平的晚報，全版可看，這是不同之點二。還有；上海的晚報，都是單獨組織出版，新聞的來原困難，北平的晚報，像現存的一世界晚報，」「北京晚報，」都是日報的夕刊，新聞的來源，比上海容易得到，這是不同之點三。

有了這樣三種的不同，和推銷的難易，出版的遲早的種種關係所以我說北平的晚報，可以持久，上海的晚報就難以發展了。

五　末了

末了，我們要借重世界的著名新聞學家，美國密梭里大學新聞學部部長，全美新聞主筆協會會長威廉博士的名論，作爲本編的結論，我願我中國從事新聞事業的同志們，都銘諸座右，時時讀之，時時加以努力，使中國的新聞紙得有「日日新又日新」的進步。

威廉博士之言曰：

「我相信新聞職業。

我相信公共的新聞紙，是爲公共的信託事業，凡公共的受託人，都與之有完全的關係。凡報紙承受比較公共事業重量爲輕的事務，就是不忠於這信托業。

我相信靈敏的思想，明晰的記載確切而合時的報告，都是良好的新聞紙上的材料。

我相信新聞記者所應屬筆的文字，必須其心中信爲眞確的事實。

我以爲除掉爲社會幸福以外，其他種種原因壓迫報紙，均不可爲訓。

我相信凡是公正的人士所不當言的，新聞記者亦不當落筆。凡自己手册子上所不當記載的，當視爲別人手册子上所不當記載的，應該立即舍棄之，更不應該以責難別人文字的手段規避其私人的責任。

我相信，凡廣告新聞評論各欄，務求其能引起多數讀者最濃厚的興趣，確切和明晰，務須處處皆然。良好新聞事業的最高的興趣，就是其爲公共職務的作用的緣故。

我相信最良好的新聞事業，必須完全獨立，不爲意見或權力所左右。又爲改造的自由的，自制的，忍耐的。時常尊重其讀者，但是又時常不畏懼其讀者。見有不正義的，當即斥責，不爲利益所動，不受暴徒的騷擾。對於無論何人，必求給予以相當的機會。在法律人羣友愛的範圍內，求人人可

得均等的機會。一方面仍須努力，增進國際間的善意，聯絡世界的友誼，

要爲人道的報紙

要爲今日世界的報紙！

要爲今日世界努力的報紙！

图书在版编目（CIP）数据

中国的新闻纸 / 张静庐著. —北京：中国传媒大学出版社，2018.3
（中国近代新闻学名著系列丛书 / 芮必峰主编）
ISBN 978-7-5657-2259-2

Ⅰ. ①中… Ⅱ. ①张… Ⅲ. ①报纸—新闻事业史—中国—民国
Ⅳ. ① G219.296

中国版本图书馆 CIP 数据核字（2018）第 043541 号

中国近代新闻学名著系列丛书
芮必峰 主编

中国的新闻纸

ZHONGGUO DE XINWENZHI

著 者 张静庐
策划编辑 司马兰 姜颖昳
责任编辑 姜颖昳
封面设计 拓美设计
责任印制 阳金洲

出版发行 中国传媒大学出版社
社 址 北京市朝阳区定福庄东街 1 号 邮编：100024
电 话 86-10-65450532 或 65450528 传真：010-65779405
网 址 http://www.cucp.com.cn
经 销 全国新华书店

印 刷 北京华联印刷有限公司
开 本 787mm × 1092mm 1/16
印 张 7.25
字 数 55 千字
版 次 2018 年 6 月第 1 版 2018 年 6 月第 1 次印刷

书 号 ISBN 978-7-5657-2259-2/G · 2259 定 价 48.00 元